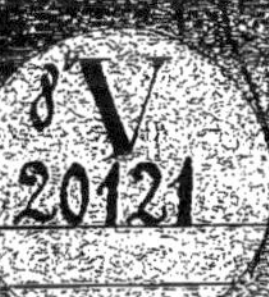

NOTICE HISTORIQUE

SUR

LA SOCIÉTÉ DE SAINT-GRÉGOIRE

FONDÉE A TOURS

POUR LA DÉCORATION DES ÉGLISES DE CAMPAGNE

PAR LA PEINTURE MURALE

SON ORIGINE, SES ŒUVRES, SA FIN

PAR

SON ANCIEN DIRECTEUR

LE Cte DE GALEMBERT

MEMBRE DE LA SOCIÉTÉ DE SAINT-JEAN POUR LE DÉVELOPPEMENT DE L'ART CHRÉTIEN
DE LA SOCIÉTÉ ARCHÉOLOGIQUE DE TOURAINE
DE LA SOCIÉTÉ FRANÇAISE D'ARCHÉOLOGIE ET AUTRES SOCIÉTÉS SAVANTES

TOURS

IMPRIMERIE A. MAME ET FILS

1888

NOTICE HISTORIQUE

SUR

LA SOCIÉTÉ DE SAINT-GRÉGOIRE

NOTICE HISTORIQUE

SUR

LA SOCIÉTÉ DE SAINT-GRÉGOIRE

FONDÉE A TOURS

POUR LA DÉCORATION DES ÉGLISES DE CAMPAGNE

PAR LA PEINTURE MURALE

SON ORIGINE, SES ŒUVRES, SA FIN

PAR

SON ANCIEN DIRECTEUR

LE Cte DE GALEMBERT

MEMBRE DE LA SOCIÉTÉ DE SAINT-JEAN POUR LE DÉVELOPPEMENT DE L'ART CHRÉTIEN
DE LA SOCIÉTÉ ARCHÉOLOGIQUE DE TOURAINE
DE LA SOCIÉTÉ FRANÇAISE D'ARCHÉOLOGIE ET AUTRES SOCIÉTÉS SAVANTES

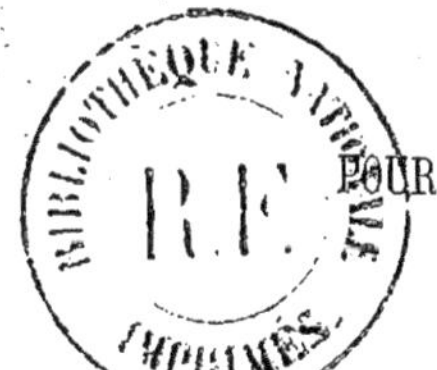

TOURS

IMPRIMERIE A. MAME ET FILS

—

1888

LETTRE D'ENVOI

A M. LE BARON D'AVRIL

PRÉSIDENT DE LA SOCIÉTÉ DE SAINT-JEAN

POUR LE DÉVELOPPEMENT DE L'ART CHRÉTIEN

Monsieur le Président,

Lorsque, il y a quelques années, vous avez bien voulu me présenter comme membre de la société de Saint-Jean que vous présidez, je n'avais d'autre titre à votre bienveillant accueil qu'une vague réputation de peintre de village, aussi inconnu de vous que de tous les critiques contemporains.

Cependant, comme les modestes travaux qui ont occupé plus de vingt ans de ma vie offrent, à défaut de la qualité, que je n'ai pas à apprécier, une quantité assez notable, — ainsi qu'on le verra plus loin, — il me vint à l'esprit de mettre à profit la réunion projetée du Congrès catholique de Paris en mai 1887, pour résumer le nombre et la nature de ces travaux, dispersés dans plusieurs provinces de France. Je m'affiliai donc à la commission de l'art chrétien du Congrès de 1887, où j'eus le plaisir de vous rencontrer et de faire la connaissance de nos excellents confrères.

Je leur donnai communication d'une nomenclature des peintures murales religieuses exécutées par moi depuis 1858 dans vingt-six édifices consacrés au culte catholique, avec le nom des localités, celui de mes auxiliaires, la quantité des surfaces décorées soit en ornementation pure, soit en sujets ou figures, et enfin quelques notions sur les moyens employés pour l'exécution de ces travaux.

La section du Congrès accueillit ce rapport avec une bienveillance que vous avez bien voulu constater dans le procès-verbal inséré au Bulletin trimestriel n° 7 de la société de Saint-Jean. Le remords que j'avais de paraître dans votre société comme membre inutile étant ainsi atténué, les choses, dans ma pensée, devaient en rester là. Vous insistâtes alors, monsieur le Président, sur la convenance qu'il y aurait, dans l'intérêt du développement de l'art chrétien, à publier mon rapport soit dans le Bulletin, soit en brochure distincte. Vous me disiez que le public s'y intéresserait, que le clergé pourrait y puiser d'utiles renseignements, qu'enfin ce serait d'un bon exemple pour les artistes chrétiens désirant suivre la même voie. A l'objection que je vous fis que la petite confrérie de Saint-Grégoire de Tours, fondée par moi en 1864 spécialement pour la décoration des églises de campagne, n'avait pas survécu à ma retraite forcée en 1872, et que j'aurais à faire là un aveu d'impuissance qui, sans rien coûter à mon amour-propre, pouvait jeter une défaveur sur le système des corporations en général, vous répondîtes que c'était précisément cette circonstance qui militait en faveur de la publicité que vous préconisiez dans l'espoir que ma tentative, ainsi divulguée, pourrait engager quelque peintre, chrétien d'esprit et de cœur, à reprendre mon essai en sous-œuvre et à lui donner tout le développement dont il était susceptible.

Je me rendis à vos raisons, monsieur le Président, et la brochure que je vous envoie est le résultat de la conviction que vous m'avez fait partager.

Puisse-t-elle ne pas être inférieure à vos prévisions, soit dans la rédaction, soit dans ses conséquences pour la plus grande gloire de Dieu ! *Non nobis, Domine, non nobis, sed nomini tuo da gloriam.*

Agréez...

J'en demande pardon à mes lecteurs, mais, bien que cela ne convienne ni à mon caractère ni à l'essence de l'œuvre dont j'ai à l'entretenir, il faut que je commence par leur exposer quelles sont les influences qui m'ont poussé dans la carrière particulière que j'ai parcourue.

Après avoir exposé à Paris, au salon de 1841, un crucifiement[1] qui me valut quelques éloges de M. Delescluze, l'éminent critique du *Journal des Débats*[2], je partis pour l'Italie, la Sicile, l'Égypte, la Syrie et la Grèce, où, dans un voyage de près de trois ans, je recueillis une masse de dessins et de documents qui fixèrent défi nitivement ma vocation, jusque-là très incertaine.

A mon retour, mes amis et compagnons de voyage, MM. le comte de Saint-Feriol et le vicomte de Quinsonas, mirent mon faible talent à contribution pour des tableaux de genre et même d'histoire, dont les sujets étaient empruntés pour la plupart aux souvenirs de notre commune pérégrination.

Toutes ces œuvres avaient un caractère purement privé dont l'opinion publique n'avait point à s'occuper.

Plus tard, vers 1850, l'imagination toujours hantée par le souvenir des monuments égyptiens, arabes et byzantins, mon goût transformé ne pouvait plus voir sans pitié et sans humiliation les édifices de mon pays, tant civils que religieux, nus et délabrés à l'intérieur, véritables écorchés dépouillés de leur peau.

A cette époque (1849) j'avais quitté Paris, où j'avais ébauché

---

[1] Ce tableau est aujourd'hui dans l'église de Bocé, ma paroisse, en manière d'*ex-voto*.

[2] M. Delescluze, dans le numéro du *Journal des Débats* du 29 mai 1841, écrivait : « Je solliciterai l'attention du public en faveur du *Calvaire* de M. de Galembert, tableau de moyenne dimension, dont le dessin et le coloris ne manquent pas d'énergie. Le style de l'ouvrage n'a sans doute pas l'élévation qu'exige le sujet, mais il y a quelque chose dans l'ensemble de cette composition qui n'est pas ce que l'on voit partout. — *Signé :* Delescluze. »

mon éducation artistique dans l'atelier de M. Stéuben, et j'étais venu m'établir à Tours avec ma famille.

Ce changement de milieu confirma ma nouvelle vocation, d'abord en effaçant de mon esprit les dernières traces des préjugés de l'école parisienne, ensuite en me faisant respirer une atmosphère plus calme, où l'homme reste plus indépendant des opinions toutes faites et plus maître des convictions qui lui sont propres. Le moment, d'ailleurs, était favorable. Depuis vingt ans M. de Caumont, l'éminent archéologue, en promenant ses congrès dans les villes de nos provinces, avait laissé après lui des espérances pleines de promesses. De nombreux disciples ardents et laborieux s'étaient mis à étudier sérieusement les monuments de leurs localités ; le mépris des œuvres de nos vieux maîtres du moyen âge faisait place à un sentiment de justice trop tardif, et l'opinion publique, dévoyée par les préjugés qu'une connaissance incomplète des arts de l'antiquité avait produits à la fin du siècle dernier, commençait à s'inquiéter de la voie suivie dans la première moitié du nôtre, et cherchait dans l'étude du passé une esthétique nouvelle, ou plutôt renouvelée, plus conforme aux traditions de notre nation, et, il faut bien le dire, à celle de l'antiquité elle-même tout entière, mieux connue.

A mon arrivée à Tours je m'étais affilié à la Société archéologique de Touraine, fondée en 1841 sous le patronage de M. de Caumont. Là se trouvaient des artistes et des archéologues qui avaient commencé avec fruit l'inventaire des richesses artistiques que le moyen âge nous a léguées. Conformément à mes occupations antérieures, l'étude des peintures murales retrouvées sous le badigeon en maintes églises de la province m'attirait plus que toute autre partie de la science archéologique. Mes collègues m'encouragèrent dans cette voie, et je réunis bientôt dans mes cartons la copie des décorations peintes (ornementation et figures) qui avaient été découvertes en Touraine à Rivières, à Saint-Mexme de Chinon, au Ligé, près Loches, à Saint-Julien de Tours, à Crotelle, etc. etc.[1]

Ces études, faites le crayon et la plume à la main, ne firent qu'augmenter mon désir conçu depuis longtemps de me risquer sur les murailles.

Une circonstance hâta le moment de cette épreuve : outre les

---

[1] J'ai donné, en 1885, à la *Société archéologique de Touraine* un carton rempli de mes reproductions.

réunions de la Société archéologique de Touraine, qui avaient lieu tous les mois et auxquelles j'étais très assidu, nous étions quatre membres, habitant le même quartier, qui nous réunissions fréquemment chez les uns et les autres pour discuter les questions à l'ordre du jour. Or parmi celles-ci la décoration des églises par la peinture tenait le premier rang.

Ces excellents collègues et amis dévoués, dont je suis aujourd'hui le dernier survivant, méritent d'être mentionnés ici nominativement dans le récit des travaux auxquels, par leurs encouragements, ils eurent à l'origine une grande part. C'étaient : M. l'abbé Bourassé, chanoine de l'église métropolitaine de Tours, dont les savants ouvrages sont dans toutes les mains ; puis M. Léopold Lobin, directeur de la manufacture de vitraux peints, qui fleurit encore sous la direction de son fils ; enfin M. Gustave Guérin, architecte diocésain, qui a laissé à Tours et dans maintes localités de la Touraine des édifices religieux de style roman ou ogival, qui contribuèrent plus que toutes les thèses à relever nos vieux maîtres du moyen âge de l'anathème dont les trois derniers siècles les avaient ridiculement frappés [1].

Ce fut dans ces réunions intimes que furent discutés et arrêtés les principes essentiels qui devaient successivement me guider pour atteindre le but proposé : *la décoration des édifices religieux par la peinture murale.*

Bien que ces principes n'aient été appliqués dans leur intégrité qu'à mesure du développement de l'œuvre entreprise, je les mets ici dans leur ensemble sous les yeux du lecteur.

I

La peinture est le complément nécessaire de l'architecture et de là sculpture.

---

[1] Je dus à M. Guérin la première occasion de m'essayer à la peinture murale dans un édifice public. Il venait de construire à Tours, rue de la Riche, une salle d'asile tenue par les Dames de la Présentation. Il y avait à l'est de cette salle un grand mur où l'on ne songeait à mettre, pour couvrir sa nudité, que des images encadrées et des légendes pieuses. M. Guérin m'offrit cette salle pour la décorer à ma guise et à mes frais. Le lecteur verra plus loin (tableau n° 1) le résumé des dispositions générales de cette décoration.

Je n'ai qu'une observation à consigner ici au sujet du mode de peinture employé. Ce mode est celui que les Italiens appellent *a buon fresco,* où les couleurs, délayées à la chaux, s'appliquent sur un mortier fraîchement posé. Je dirai plus loin pour quelles raisons j'abandonnai ce genre de peinture et le remplaçai par le silicate de potasse.

Ce principe, conforme aux lois de la nature visible, a été admis de tout temps par les peuples civilisés. Il ne peut être remplacé dans les édifices publics par le badigeon ou le papier peint, voire même par les tapisseries.

Il suppose une union intime entre l'architecte et le peintre, telle qu'il conviendrait que ces deux branches de l'art fussent exercées par la même personne, comme cela avait lieu autrefois en Occident par les moines des xie et xiie siècles, et encore aujourd'hui en Orient par ceux du rit grec.

Ce que la perfection de la peinture y perdrait dans sa manipulation, elle le regagnerait avec avantage par l'aspect plus harmonieux de l'ensemble et par les sentiments plus élevés qu'il provoquerait chez le spectateur.

II

Spécialement pour les édifices consacrés au culte, une décoration peinte, conforme à la tradition catholique depuis les catacombes, est de première nécessité.

Elle ne doit pas se borner à tracer sur les murs une ornementation plus ou moins compliquée, comme, par exemple, à Sainte-Thérèse d'Angers[1], mais représenter, suivant la place dont on dispose, des personnages et des sujets religieux capables d'instruire et d'édifier les fidèles.

III

Il est indispensable, pour populariser ce genre de décoration en province, de s'occuper avant tout des églises de campagne, et de conformer à leurs modestes ressources les dépenses de matière et de main-d'œuvre.

Dans ce but, deux conditions, inusitées jusqu'ici, paraissent nécessaires : A, de concentrer dans un tarif[2] consciencieusement

---

[1] Je me hâte de dire que **M.** Tessier, élève de **M.** l'abbé Tournesac, architecte de l'église et auteur de cette décoration, a montré pour couvrir une si grande superficie seulement de rinceaux et d'ornements variés une richesse d'imagination inouïe. Mais c'est précisément le mérite et l'abondance kaléidoscopique de cet ensemble qui fatigue l'œil et consacre par là victorieusement le principe de la nécessité du tableau religieux dans les édifices consacrés au culte.

[2] Le modèle de tarif que nous donnons page 39 démontre, par sa division en deux sections, la possibilité d'y comprendre les figures et sujets avec l'ornementation

étudié les prix à demander suivant les styles différents et la richesse de l'ornementation de chacun; B, de ne pas exiger pour
les figures et sujets religieux des œuvres absolument personnelles [1];
mais de s'aider sans hésitation ni scrupule des œuvres des maîtres
anciens et même modernes, lorsque ces derniers les ont publiées
par la gravure.

IV

Quant au mode d'exécution de cette sorte de peinture, il est
essentiellement collectif et suppose un chef dirigeant plusieurs
mains vers un but unique. C'est là, à proprement parler, une
corporation, un corps organisé hiérarchiquement dans lequel les
divers membres concourrent avec des aptitudes différentes, mais
avec dévouement et abnégation, à l'œuvre commune.

Qu'est-ce, en effet, qu'un homme seul au pied des grands
murs, des voûtes et des colonnes dont les surfaces se chiffrent par
des centaines de mètres. Que devient dans ce cas la division du
travail mis en honneur par la vanité illogique des artistes du
XVIᵉ siècle : les pierres à l'architecte, les tableaux au peintre
d'histoire, l'ornementation au décorateur. Hélas ! nous ne le
voyons que trop par la pauvreté intérieure de nos monuments
modernes et par le manque d'harmonie dans l'ensemble de ceux
qu'on a entrepris depuis une vingtaine d'années, de décorer par
la peinture, le tout à des prix fabuleux qui en rendent la pratique
impossible sans le concours du budget de l'État ou de celui de
quelques opulentes cités.

classée suivant les styles. Quant aux prix, que des artistes en renom qui font payer
leurs toiles au poids de l'or, que des curés peu au courant des exigences du métier
et des frais qu'il entraîne, y trouvent à redire, en plus ou en moins, il ne faut pas
s'en étonner. Je dirai aux premiers qu'il s'agit d'établir loyalement une moyenne
dans un genre qui diffère en tout point de la peinture de chevalet, quelle qu'en soit
la dimension. Différence dans la composition : pas de perspectives fuyantes ni de
clair-obscur forcé qui font trou dans la muraille ; différence dans la touche, qui demande rapidité et fermeté, à l'exclusion du modelé long et minutieux de la peinture
à l'huile ; différence surtout en ce que le genre proprement catholique exclut la fantaisie et le caprice de la mode, et impose au peintre des sujets et des saints personnages presque toujours les mêmes, avec les mêmes attributs, en sorte qu'il arrive au
peintre sur murs comme au peintre verrier de posséder, au bout de quelques années,
une collection de cartons, sujets et figures isolées, qui peuvent, avec quelques mo-
difications, être reproduits indéfiniment. De là une économie de temps et de travail
qui compense au bout de quelques années la modération de prix du commencement.

[1] La note précédente explique, je crois, suffisamment pourquoi les compositions
religieuses dont il est question ne doivent pas être des œuvres absolument personnelles. Le paragraphe IV, qui suit, en complétera la démonstration.

Comme conclusion évidente de ces prémisses, il faut constater que, pour vulgariser ce genre de décoration, reconnu indispensable, et le mettre à la portée des bourses grandes et petites, il est nécessaire d'avoir recours à l'association. Qu'on l'appelle corporation ou confrérie, peu importe, pourvu qu'on trouve un lien solide capable d'empêcher la dislocation de l'atelier. Là, il faut l'avouer, est le problème le plus difficile à dégager à notre époque. Je l'ai tenté sans succès, d'autres seront peut-être plus heureux ou plus avisés.

Mais il faut le crier sur les toits, tant que ce problème ne sera pas résolu, la pratique générale de la décoration par la peinture murale n'aura qu'une existence éphémère et restera à l'état d'exception.

—

Après la théorie, l'action.

Mais, avant de continuer ce mémorial, je dois prévenir le lecteur que je serai aussi bref que possible dans les développements que comporte mon sujet. Il ne s'agit pas ici d'un traité complet sur la matière, qui demanderait un gros volume. Je l'entreprendrai peut-être un jour, si Dieu me prête vie et santé. Je veux me borner aujourd'hui à prouver par les faits que je suis resté fidèle aux principes de conduite énoncés plus haut, et donner les explications nécessaires à l'intelligence des documents imprimés à la fin de cette brochure.

Les quatre années de 1856 à 1860 furent pour moi une période de tâtonnements.

Mon désir d'aborder la décoration d'une église de campagne ne devait se réaliser qu'en cette dernière année 1860, et mon rêve de n'employer que des auxiliaires formés par moi qu'en 1864. Jusque-là il me fallut choisir parmi les peintres dits du bâtiment de jeunes auxiliaires payés à la journée ou à la tâche, ce qui exigeait de ma part une surveillance incessante, incompatible avec l'extension graduelle de mes opérations.

Enfin, comme pour l'asile des Carmes, dont j'ai parlé précédemment (voir la note p. 9), ce fut encore à mon ami M. Guérin que je dus la décoration de l'église de Villaine, qu'il venait de restaurer. Villaine est un bourg perdu dans un petit vallon de Touraine, non loin d'Azay-le-Rideau. Ses habitants, ouvriers van-

niers pour la plupart, logent presque tous dans des caves creusées
dans le tuffeau. C'était bien là l'idéal de la pauvreté, et j'y trouvais
l'occasion cherchée de proportionner les dépenses à la médiocrité
des ressources.

Mais je dois le dire pour rendre hommage à la vérité et justice
à une mémoire qui m'est chère, feu M. l'abbé Chicoine, alors curé
de Villaines, suppléait à tout par son entrain et son activité.

Possesseur lui-même d'un petit avoir qu'il ne ménageait guère,
il sut intéresser à son œuvre plusieurs riches propriétaires des en-
virons, et la décoration, commencée en 1860, continuée et presque
finie en 1861, ne fut entièrement terminée qu'en 1870 [1].

C'est le cas d'exposer les petites industries au moyen desquelles
M. le curé de Villaine (comme plus tard plusieurs de ses confrères), se procura l'argent dont il avait besoin. Les ecclésiastiques
qui liront mon opuscule ne seront pas fâchés d'être édifiés en ce
point.

Tout d'abord il fut convenu entre M. le curé et moi que, les
ressources étant insuffisantes pour exécuter d'un seul jet, on pro-
céderait par fractions, non pas en prenant l'une après l'autre les
diverses parties de l'édifice, chœur, transepts et nef, mais en
couvrant de suite tous les murs d'un parti pris d'ornementation
convenable, et laissant vides provisoirement les encadrements des-
tinés à recevoir les images des saints et les compositions dont les
sujets avaient été arrêtés à l'avance.

Ce système, que j'ai toujours employé depuis en pareil cas, avait
l'avantage d'habiller tout de suite la nudité des murs, de donner
aux paroissiens, gens simples et ignorants, une idée favorable de
notre entreprise et peut-être de leur inspirer, ou à d'autres, la
pensée d'y contribuer de leurs bourses pour la mener à fin. Dans
ce but, on devait réserver au bas des tableaux et figures isolées un
espace libre pour y inscrire le nom des donateurs.

Il ne fut fait d'exception à ce procédé que pour le chœur, qui
ne pouvait recevoir que quatre figures isolées (des anges portant
les instruments de la Passion), lesquelles furent peintes par moi en
même temps que l'ornementation.

---

[1] Je ne dois pas oublier de dire que la voûte en lambris de bois avait été exécutée
à l'huile, d'après mes dessins, par M. Grandin, décorateur à Tours, dès 1859, pour
mettre à profit les échafaudages qui avaient servi à la confection de cette partie im
portante de l'édifice. Pour tout le reste, la décoration sur pierre et sur mortier au
silicate de potasse est de la main de M. Goislard, des Rosiers (Maine-et-Loire), un
de mes plus habiles auxiliaires.

M. le curé de Villaine trouva de lui-même un autre moyen de diminuer la dépense en se chargeant d'héberger les ouvriers. Il est vrai que sans cela le travail n'aurait pu se faire, le bourg n'offrant en ce point aucune ressource. Mais cela me permit de lui faire sur la somme totale un rabais d'environ un cinquième.

Enfin la substitution du silicate de potasse à l'huile, dont on s'était servi pour peindre la voûte en bois, fut encore une cause de diminution notable dans le prix de revient.

PROCÉDÉS

C'est le moment de parler de ce dernier procédé, dont j'ai fait, pour la première fois, l'expérience en grand à Villaine. Je dois exposer au lecteur les motifs qui depuis me le firent préférer aux autres en usage pour la peinture : colles animales ou végétales, huile et essence, et chaux de la fresque.

Sur les murs de pierre et les mortiers, les matières animales et végétales sont promptement décomposées, et conséquemment de peu de durée. Il en est de même de l'huile, même additionnée de cire. La peinture à l'huile a en outre le grave inconvénient de s'emboire, et de faire par là perdre aux couleurs leur intensité et leur fraîcheur, ce qui nécessite sur les panneaux de bois et les toiles l'application d'un vernis impraticable sur les murs.

Quant aux colles de pâte, de blanc d'œuf ou de gélatine, elles ne résistent pas sur les murs nus aux changements de température et à l'action chimique des mortiers. Reste la peinture *à bon fresque,* que j'ai expérimentée, comme on l'a vu précédemment, à l'asile des Carmes à Tours. Ce procédé a bien pour lui la durée, mais il présente trois inconvénients graves : 1º il nécessite la coopération d'un maçon pour étendre le mortier au prorata de l'avancement du travail; 2º par sa nature même, il rend toute correction impossible. Les vieux maîtres italiens y suppléaient avec la colle de blanc d'œuf, qui, ayant disparu avec le temps, a compromis la beauté de leur travail; 3º enfin elle est inapplicable sur les parties sculptées et moulurées, qu'il faut alors colorier par tout autre procédé.

Le silicate de potasse n'a aucun de ces inconvénients. C'est un

liquide [1] minéral incolore, qui s'incorpore aux mortiers et durcit
les pierres tendres au point d'en rendre l'épiderme inattaquable à
la gelée, même à l'extérieur. Il faut avouer, il est vrai, qu'il res-
treint l'emploi de certaines couleurs, comme les laques, le bleu
de Prusse, etc., couleurs plus brillantes que solides dont le temps
ne tarde pas à faire justice. Par cette raison, c'est en réalité plutôt
un gain qu'une perte, car il reste encore au peintre un nombre
suffisant de couleurs à base minérale pour satisfaire aux exigences
de la peinture murale, qui ne sont pas les mêmes que celles de la
peinture sur panneau ou sur toile.

Quant à l'origine et à la nature de ce nouveau produit de la
chimie, j'engage le lecteur qui voudrait approfondir la matière à
consulter le livre de M. Léon Dallemagne, qui m'a servi de guide
à moi-même dans l'étude du procédé.

Je dois me borner ici à décrire son emploi comme conducteur
de la couleur, et constater ses qualités au point de vue de la
peinture sur mortier et sur pierre.

M. Dallemagne affirme dans son livre que les Allemands
peignent le mur avec des couleurs simplement délayées à l'eau, et
se servent du silicate comme fixatif après le travail terminé. Les
grandes compositions de Kaulbach, au musée de Berlin, ne seraient
pas exécutées autrement.

J'ai fait moi-même l'essai de ce système dans la bibliothèque
du Chapitre de Tours, dont mon ami, l'abbé Bourassé, m'avait
gracieusement donné la clef, en attendant la construction de mon
atelier de l'impasse Nicolas-Simon.

Je ne tardai pas à reconnaître un double inconvénient à ce système : 1º même après le fixatif, l'adhérence au mur ne me parais-
sait pas suffisante; 2º il s'éloignait trop des habitudes de la peinture ordinaire, qui délaye toujours les couleurs dans le liquide.
Employant le plus souvent des jeunes gens qui avaient fait leur
apprentissage dans la peinture en bâtiment, cette manière de faire
les déroutait sans compensation. Je reconnus encore, après d'assez
longs tâtonnements, que la seule difficulté sérieuse qui s'opposait
à l'usage du procédé ordinaire n'était pas impossible à vaincre.
Cette difficulté provenait du degré de force différent à donner à la
dissolution siliceuse suivant la nature des couleurs. Ainsi le vermillon, dont il est impossible de se passer, noircit quand on

---

[1] Je le tirais de la fabrique de produits chimiques de M. Kullmann, de Lille, au
prix de 0 fr. 30 le kilog., pesant de 30 à 35 degrés au pèse-acide.

emploie le silicate à plus de 16 degrés, tandis que les autres couleurs, les ocres, par exemple, le blanc et l'outremer, *farinent* si le silicate n'atteint pas 22 à 23 degrés.

Mais comme il est nécessaire, dans cette sorte de peinture sur de grandes surfaces, de préparer à l'avance les tons dans des godets particuliers, il était facile, une fois le degré nécessaire constaté, d'approprier le liquide à la nature de la couleur, et cela d'autant mieux que le vermillon, par exemple, une fois mêlé à d'autres couleurs, ne se modifie plus comme lorsqu'on l'emploie presque pur.

Je termine cette question de pratique en exposant ici brièvement la méthode suivie généralement par mon atelier de campagne dans nos entreprises.

Dès que le maçon avait dressé les murailles, bouché les lézardes des murs et les fissures des mortiers et rejointoyé les pierres de taille, on donnait une couche générale d'*impression* avec du blanc de Meudon délayé dans le silicate à 10 ou 12 degrés[1].

Immédiatement après, les peintres décorateurs s'emparaient des échafaudages pour décalquer les *poncifs* de l'ornementation dans les parties les plus élevées et les parfaire suivant les modèles colorés au $^{1}/_{10}$ avant de descendre à l'étage inférieur. Le contremaître avait l'ordre de laisser vides les encadrements des sujets et personnages isolés, que des artistes spéciaux venaient exécuter quelquefois plusieurs années après.

Cette méthode, inaugurée à Villaine, en 1860, avec quelque hésitation, fut ensuite pleinement et carrément suivie à Conflans en 1863, et plus tard dans tous les édifices petits ou grands que l'on voulut bien nous confier.

MON ATELIER

Je viens de parler de mon atelier. Les notions que cet opuscule est destiné à donner au lecteur seraient incomplètes, si je n'exposais pas avec quelques développements son origine et son organisation.

J'ai déjà posé précédemment (p. 11) comme principe indiscu-

---

[1] Sur l'emplacement des figures on donnait au moins deux couches en élevant le silicate à 15°, suivant le plus ou moins de porosité du subjectif, plâtre ou mortier.

table qu'à l'inverse de la peinture de chevalet, que l'artiste complète dans son atelier solitaire, la peinture murale est une œuvre essentiellement collective, demandant le concours de plusieurs volontés pour atteindre un but déterminé par une succession d'efforts individuels. Or toute collectivité qui n'est pas retenue par un *lien* suffisamment solide pour comprimer l'expansion de l'individualisme, ne saurait éviter une dissolution prochaine ; à la longue, la force matérielle elle-même y serait impuissante. Mais, dans l'espèce, quel sera ce *lien* à la fois doux et fort, volontairement accepté par tous et capable de résister à la poussée de l'individualisme dans un siècle qui le favorise par toutes ses aspirations.

Évidemment, dans un pays catholique et pour une œuvre se rattachant intimement à cette croyance, il n'y avait pas à chercher autre chose qu'un lien religieux. Mais dans quelle forme et dans quelle mesure le constituer pour le rendre efficace sans être trop lourd ? Je ne pouvais songer, avec des jeunes gens chrétiens mais laïques, à leur imposer une règle quasi-monastique (je ne jurerais pas cependant que dans l'avenir, pour faire œuvre durable, on ne soit obligé d'en venir là), mais pour moi, en 1860, je devais prendre ailleurs mes modèles.

Heureusement il y en avait dans le passé et même dans le présent qui pouvaient, en les modifiant, servir de bases à une association artistique, religieuse. Dans le passé, les confréries des anciennes corporations, dont je fis à cette époque une étude approfondie, m'offraient plus d'un exemple à imiter. Dans le présent, les conférences de Saint-Vincent-de-Paul, dont je faisais partie depuis mon arrivée à Tours, étaient un modèle vivant de l'esprit de confraternité que je désirais infuser dans l'âme de mes jeunes auxiliaires. Voilà pour la partie spirituelle du lien qu'il s'agissait de former. Mais l'homme est esprit et corps, et il fallait trouver aussi le moyen de donner satisfaction dans une certaine mesure à leurs intérêts matériels. L'idée toute moderne de la participation aux bénéfices, après un certain temps d'épreuves, naquit de cette nécessité. De là aussi la division de nos élèves en trois classes : auxiliaires, aspirants et sociétaires. (Voir le règlement, p. 33.) Mais, avant d'aller plus loin, je dois déclarer ici que je n'ai pas le droit de revendiquer pour moi seul la constitution de notre atelier tel que je viens de la décrire sommairement.

2

MON ASSOCIATION AVEC M. DUBOIS

Un fait important dans l'origine et le développement de notre petite société doit trouver ici sa place; je veux parler de mon association avec M. Dubois, peintre exercé, chrétien très pieux, qui, seul et sans le concours d'aucun auxiliaire, avait déjà décoré plusieurs églises de campagne, à peu près pour l'amour de Dieu; ce qui, n'ayant aucune fortune, ne pouvait durer sans qu'il mourût d'inanition.

De mon côté (nous étions alors en 1863), j'avais, à l'aide d'auxiliaires pris deci delà, complété la décoration (ornements et figures) de l'asile des Carmes, de la chapelle des dames du Bon-Pasteur d'Angers et de l'église paroissiale de Villaine. Or, même en faisant exécuter par des auxiliaires, sur des modèles dessinés et coloriés par moi, tout ce qui tenait à l'ornementation proprement dite, la peinture sur place des sujets et figures me prenait beaucoup de temps, et il ne m'en restait plus suffisamment pour préparer d'autres travaux qui commençaient à m'arriver plus nombreux et dans un rayon plus éloigné de ma résidence.

Je rêvais donc d'un premier associé ayant vertus et talent, capable de surveiller l'atelier en campagne et de peindre sur place les cartons exécutés à Tours. Perle introuvable!... si la bonne Providence ne s'en était mêlée. Elle amena Dubois sur mon chemin, et après renseignements pris et l'examen de son travail personnel dans l'église Saint-Michel (Sarthe), nous conclûmes pour dix ans un pacte social qui, tout en me réservant la direction générale, la composition des plans d'ensemble et l'exécution des cartons pour les figures, nous mettait quant aux bénéfices, s'il y en avait, sur un pied d'égalité parfaite.

A cette époque, quelques apprentis étaient déjà venus me demander asile et formaient un petit noyau qui devait, dans un avenir prochain, me permettre de me passer du secours des étrangers.

De ces apprentis quelques-uns avaient leurs parents en ville, chez lesquels ils se retiraient; d'autres, venus de plus loin, n'avaient pas cette ressource, et nous sentîmes la nécessité de les réunir, moyennant une modique pension, dans une maison située rue de la Psalette, sous la direction d'une tante de M. Dubois, Mme Menard, veuve d'un certain âge, chrétienne fervente et femme de tête, qualité indispensable pour une telle fonction. Ce m'est une obligation bien douce de la nommer ici, car, ayant été à la peine, il n'est que juste qu'elle soit à l'honneur.

C'est à ce moment (1864) que nous sentîmes, Dubois et moi, la convenance de nous attacher nos jeunes gens autrement que par le salaire, petit au début [1], qui était le prix de leur travail, et de les grouper dans une sorte de confrérie, sous une règle qui préciserait leurs devoirs et par suite leurs droits.

M. l'abbé Bourassé, qui continuait à encourager mon entreprise, goûtait fort cette idée, et nous fournit avec un patron local le titre de *Société de Saint-Grégoire de Tours*.

RÈGLEMENT

C'est aussi à cette époque que, de concert avec Dubois, je commençai à formuler les articles de notre règlement. Il est jusqu'à ce jour resté manuscrit, par la raison que, bien qu'arrêté dans ses dispositions principales, le protocole restait ouvert pour le détail aux enseignements que la pratique nous apportait chaque jour.

Je l'imprime ici (page 32) pour la première fois, avec ses qualités et ses défauts, pour appeler sur lui les observations de la critique et fournir une base d'opération déjà éprouvée à nos continuateurs des siècles futurs.

Mais on me permettra de consigner ici mes propres impressions et d'aller au-devant de quelques objections faciles à prévoir. Tout d'abord on devra constater, je pense, dans l'ensemble de ces prescriptions réglementaires, le désir constant de traiter d'une façon toute paternelle les jeunes gens qui nous confiaient leur avenir.

Cette intention est manifestée surtout dans les dispositions suivantes : 1o par la diminution du temps de l'apprentissage, en confiant dès la seconde année au plus méritant les travaux de moindre importance, moyennant un salaire capable d'alléger dans une certaine mesure les charges des parents; et, pour ceux qui venaient de loin, la création d'un domicile commun où ils étaient

---

[1] La première année ils ne gagnaient rien et restaient à l'atelier pour apprendre le dessin. Dès la seconde année, les plus laborieux pouvaient se suffire pour la nourriture et le vêtement.

hébergés pour une modique pension; 2° en formulant avec précision dans les statuts, dont on leur donnait connaissance, la quotité de leurs émoluments au prorata de leur avancement; 3° enfin en adoptant le principe de la participation aux bénéfices, dont la perspective devait être un encouragement permanent à leurs efforts pour contribuer à la prospérité de l'œuvre.

C'est là certainement un régime très libéral; d'aucuns même le trouveront peut-être excessif et penseront que les droits ainsi reconnus, presque dès leur entrée, aux agents secondaires, devaient nuire à la discipline, pouvaient entraver l'unité d'action et préparer par une anarchie latente la ruine de la Société.

Je dirai tout à l'heure qu'en fait, c'est une raison diamétralement opposée qui a amené la dissolution de la Société. Je ferai remarquer d'ailleurs que notre règlement a prévu lui-même l'objection et a voulu y porter remède par l'article 4 du chapitre v.

En effet, tout en appelant le sociétaire à présenter ses observations dans la séance annuelle du Conseil, où devait être fixée la quotité du dividende, tout en lui donnant par là la connaissance de la marche et du développement des opérations de la Société, tout en l'appelant par une telle marque de confiance à donner son avis sur l'ensemble de nos affaires, on réservait le droit de vote aux seuls membres du Conseil, et l'on sauvegardait par ce moyen l'autorité supérieure en maintenant l'unité de direction.

CONSEIL DE DIRECTION

Ici se pose une question capitale sur laquelle il importe de donner immédiatement une explication précise.

Le lecteur peut se demander quelle était la composition de ce Conseil de direction, dont le règlement ne parle pas, et pour cause.

En effet, en se reportant à ce que j'ai dit plus haut de l'origine de mon association avec M. Dubois, il est facile de comprendre pourquoi, dans le principe, nous avons dû former tous deux seuls le Conseil supérieur. Mais, je dois le dire, dans notre pensée, nous devions nous adjoindre un troisième membre, lorsque la Société, bien assise sur ses bases, aurait pris le développement espéré.

Cette troisième personne, complément nécessaire pour constituer une trinité, devait être un ecclésiastique remplissant la fonction de directeur spirituel de la Société. Ce n'était point là une sinécure. On verra la part faite par le règlement aux exercices religieux de tous les membres de l'association. Un prêtre zélé et intelligent aurait présidé à ces exercices, réchauffé la piété de chacun, donné du lustre à nos fêtes et maintenu par son exemple et ses exhortations l'esprit de foi et de fraternité, fondement et raison d'être de notre Confrérie. En ce qui me concerne personnellement, j'avais une raison particulière d'aspirer après ce complément de notre organisation.

Je n'étais déjà plus jeune lorsque les circonstances m'amenèrent, sans idée préconçue, à me constituer fondateur d'une société d'art chrétien.

J'avais plus de cinquante ans lors de mon association avec Dubois, pour une durée de dix ans, dont l'accomplissement devait me conduire aux limites probables de mon activité physique et morale. J'avais donc plus d'intérêt qu'un autre à me ménager des successeurs. La perspective de ma retraite forcée devait me donner, dans l'intérêt de la perpétuité de mon œuvre, le plus grand désir de réaliser l'adjonction d'un troisième directeur.

Je puis le dire aujourd'hui que plus de vingt années me séparent du moment où mes devoirs de père d'une nombreuse famille devaient m'obliger à quitter la ville pour habiter la campagne, je vois très clairement que cette lacune a été la cause déterminante de la fin prématurée de la Société de Saint-Grégoire de Tours.

Malgré mes recherches, je ne pus trouver ni au près ni au loin, ni dans le clergé séculier ni dans le régulier, l'homme qu'il fallait.

C'était le moment où notre atelier, au complet, était le plus occupé. Des préoccupations de toutes sortes m'assiégeaient. Il fallait préparer la besogne pour le présent et pour un avenir rapproché, et remettre au lendemain ce qui ne pouvait se faire le jour même. Le temps se passait ainsi avec une rapidité vertigineuse, et le moment fatal de ma séparation avec Dubois approchait.

Mon excellent associé, aussi habile que laborieux, se dépensait sans compter. Malheureusement sa santé n'était pas de force à supporter les efforts qu'il fallait faire pour répondre à l'importance des travaux qui nous étaient demandés.

C'était l'époque de nos plus importantes peintures, à Évron, Montmorillon et Auneau (voir les tableaux nᵒˢ 3 et 4), où j'avais le plus besoin d'aide au dehors, pour avoir le temps de préparer à Tours

les projets de décoration et les cartons des figures qui devaient
être exécutés sur place. Le besoin que j'avais du concours de
mon associé me fit hésiter quelque temps à croire à la gravité de
son mal ; mais il fallut enfin se rendre à l'évidence, et au mois
d'octobre 1867 M. Dubois partait pour l'Algérie, en promettant,
si l'état de sa santé le permettait, de revenir au printemps de 1868,
pour continuer les travaux en cours d'exécution. Il n'en fut rien ;
il revint en France seulement au mois de juin 1869, pour signer
la liquidation de notre Société et toucher la part lui revenant dans
les bénéfices.

SECONDE SOCIÉTÉ

Cependant, voulant à tout prix faire honneur à mes engage-
ments et ne pas abandonner mon œuvre avant d'avoir assuré son
avenir, je songeai à m'associer, au lieu et place de Dubois, deux
de nos sociétaires les plus méritants par leur talent et leur conduite : MM. François Verdier et Alexandre Dreux.

Dubois, à qui j'avais fait part de mon projet avant son départ,
l'avait chaudement approuvé, et, dès le mois de novembre 1867,
je signai avec mes nouveaux associés un contrat de société, calqué
sur celui que j'avais fait le 1er septembre 1864 avec Dubois, et
dont la durée était limitée à trois années, commençant le 1er jan-
vier 1868, pour se terminer le 31 décembre 1871.

J'ai mentionné rapidement (page 18 et suiv.) les travaux de
peinture murale accomplis par moi avec mes premiers auxiliaires.
Je vais passer en revue, avec quelques explications indispensables,
ceux exécutés successivement par les deux Sociétés de Saint-
Grégoire ; enfin je terminerai en donnant la liste des édifices
peints par mes deux associés seuls, après ma retraite définitive,
en 1872.

A partir de 1864, notre outillage étant presque au complet,
nous pouvions accepter des commandes plus nombreuses qui,
grâce à Dieu, ne nous manquèrent pas.

Pour ses débuts dans la Société de Saint-Grégoire de Tours,
Dubois fut chargé de peindre les figures dans les encadrements

ménagés à cette intention, l'année précédente, sur les murs de l'église paroissiale de Conflans (Sarthe), dont l'ornementation avait été exécutée par M. Goislard.

Une vaste nef, bien éclairée, de grandes surfaces dénuées de tout ornement, une voûte en lambris de bois avec ses poutres apparentes, offraient à la peinture murale, qui seule pouvait les occuper en les embellissant, un champ à souhait pour s'y développer et y étaler un bel ensemble de compositions religieuses.

Le lecteur verra, à l'article Conflans des tableaux nos 1 et 2, que je ne m'y suis pas épargné. Aussi, grâce à la générosité des membres de ma famille, qui réside depuis plus de cinq cents ans dans cette paroisse, grâce également à la rapidité avec laquelle M. Dubois coucha en couleurs près de deux cents figures de toute grandeur, cette œuvre, capitale comme spécimen de ce qui pouvait être fait dans une église de campagne, fut presque entièrement achevée en deux ans.

Elle eut sur notre association un heureux effet, en ce qu'elle cimenta mon alliance récente avec M. Dubois, et m'enhardit à accepter pour l'avenir un plus grand nombre de commandes.

Les tableaux imprimés où est exposée la succession de nos travaux jusqu'en 1870 me dispense d'entrer dans le détail sur chacun d'eux. Je me bornerai à mentionner ici ceux qui peuvent fournir au lecteur quelques renseignements utiles dans la pratique de la décoration des églises.

A peu d'exceptions près et par économie, mais surtout à raison des conditions de solidité et de beauté des tons dont nous constations de jour en jour la réalité, nous continuâmes à employer le silicate de potasse de préférence à tout autre moyen.

L'année 1864 fut très occupée. Pendant que M. Dubois peignait les tableaux de Conflans, notre atelier, encore en grande partie composé d'auxiliaires, était installé au 1er mars dans l'église paroissiale du Bailleul (Sarthe). Cette église, dont Dubois avait seul peint le chœur précédemment, est de construction moderne, et les murs sont enduits à l'intérieur, non de mortier, mais de plâtre. Par ce motif, j'avais quelque appréhension sur le résultat. Il n'en fut rien heureusement, et le silicate s'y comporta aussi bien qu'à Villaine et à Conflans.

Je dois avouer cependant que nous subîmes dans cette entreprise une déception qui me fit sentir plus vivement la nécessité de remplacer les auxiliaires par des sociétaires. La dépense en silicate et en fournitures de toute sorte dépassa mes prévisions, et finalement nous constitua en perte.

Pendant que M. Dubois travaillait à Conflans, j'avais établi au Bailleul mon meilleur auxiliaire comme contremaître. Il devait chaque semaine m'envoyer un rapport dont on verra le modèle [1] (page 41). Malgré cette précaution, l'atelier manqua de surveillance. Il y eut gaspillage de temps et de matière, et je fus obligé de renvoyer le contremaître avant la fin du travail.

Cette même année, nous éprouvâmes à l'église Saint-Jean de Caen un déboire bien plus sensible. Il s'agissait de décorer huit chapelles au pourtour du chœur, dans un édifice du xve siècle. Malgré les précautions prises, pierres repiquées et enduites de ciment, joint refaits avec soin, le salpêtre, dont les murs étaient imprégnés du haut en bas, repoussait sous le silicate, détruisait les couleurs, et après une lutte désespérée nous força à nous avouer vaincus. Je dirai plus loin quel remède je trouvai contre ce redoutable ennemi de toute coloration, quel qu'en soit le liquide conducteur.

Je passe sous silence les décorations partielles qui nous occupèrent en 1864 et 1865 à la chapelle de l'Ermitage de Tours, au Lude et à Druye. Leur mention au tableau n° 3 suffit à en donner l'idée. Mais je dois faire une exception pour la grande chapelle du petit séminaire du Montmorillon, dont la décoration nous fut confiée par Mgr Pie, évêque de Poitiers, mort depuis cardinal de la sainte Église romaine. Avant de passer outre, je dois rendre un hommage de reconnaissance à l'éminent prélat, qui prit notre œuvre sous son haut patronage et nous encouragea par tous les moyens en son pouvoir, et notamment en nous confiant, pour son cher petit séminaire, l'exécution d'un programme tel que pouvait le concevoir un évêque aussi pieux que savant.

Cette chapelle est un édifice moderne de style roman, mais ne présentant à l'intérieur que de grands murs nus, enduits de mortier, sans ornements d'aucune sorte. Avec sa sagacité ordinaire, Mgr Pie comprit que la peinture murale seule pouvait com-

---

[1] Le directeur restant le plus souvent à Tours pour préparer les travaux, il fallait trouver le moyen de se tenir constamment en rapport avec les ateliers occupés au loin. Dans ce but, une correspondance hebdomadaire était établie entre lui et le chef d'atelier, qui chaque dimanche devait lui adresser un rapport sur le travail des ouvriers, l'avancement des travaux, le besoin de fournitures, etc. etc.

De plus, chaque ouvrier était porteur d'un livret qu'il devait remettre au contremaître pour que ce dernier y inscrivît chaque jour les heures de travail, les avances faites sur la paye, les gratifications et les amendes, le tout accompagné de ses observations.

L'ensemble des notes de ce livret formait la base du salaire de chacun.

pléter ce qui manquait à l'édifice et nous traça un splendide programme, qui comprenait, outre les grands mystères de la foi
catholique, un mémorial de tous les saints et saintes du Poitou.

Je n'ai point à dire ici comment nous avons rempli les inten-
tions de Mgr de Poitiers; ce que je puis affirmer sans blesser
la modestie de personne, c'est que notre atelier, uniquement
composé alors de nos jeunes élèves, fit tous ses efforts pour établir sa bonne réputation; que notre petite société, presque à son
début, y gagna plus de cohésion; que le pinceau exercé de Dubois
fit des merveilles de souplesse et de rapidité, malheureusement
aux dépens d'une santé déjà ébranlée; que le silicate sortit victo-
rieux de cette grande épreuve, excepté en un point de la voûte
du transept où, par suite d'un vice de construction, l'eau s'était
infiltrée dans le mur. Il y fut porté remède, mais depuis le temps
je ne sais ce qu'il en est advenu.

Commencée en 1866 par le sanctuaire, cette décoration, très
compliquée et fort riche, était terminée en 1867 par la coupole et
les deux transepts, vastes à eux seuls comme une église. Quant à
la nef, bien que comprise dans le projet primitif, elle n'a point
été décorée par la peinture, du moins à ma connaissance.

En 1866, nous eûmes à décorer, outre deux églises de cam-
pagne (la Couronne, diocèse d'Angoulême, et Auvillars, diocèse de
Bayeux, voir tableau nᵒ 3), l'église paroissiale de Saint-Remy, à
Auneau, diocèse de Chartres.

Cet édifice, situé au fond d'une vallée encaissée, ne paye pas
de mine à l'extérieur. Son clocher en bâtière, ses murs peu
élevés, sa toiture en tuile donnent au dehors une assez pauvre
idée de son architecture. Avant sa récente restauration, l'intérieur
devait répondre à l'extérieur et constituer un ensemble peu capable d'attirer l'attention des touristes et des archéologues. Il n'en
est plus de même aujourd'hui, du moins pour l'intérieur. M. l'abbé
Popot, curé d'Auneau, où j'ai encore eu le plaisir de le voir ré-
cemment en bonne santé, a employé sa fortune personnelle à
embellir son église par la peinture et la sculpture. Il ne s'est pas
contenté de remplacer par une voûte à nervure la charpente en
bois de la nef, il a voulu accuser par des colonnettes et des mou-
lures le style présumé de chaque partie de l'édifice.

Or toutes ces restaurations avaient été faites en plâtre et
briques, et il sentit la nécessité de recourir à la peinture pour en
modifier la couleur blafarde. Ayant connu antérieurement M. Dubois à Chartres, il s'adressa à notre confrérie pour exécuter ses

grands projets, et j'ose dire que nous les avons menés à fin avec entrain et pour un prix qui défie toute concurrence.

Mais, et c'est sur ce point que je désire attirer l'attention du lecteur, en pasteur aussi zélé qu'éclairé, M. le curé d'Auneau voulut que les murs de son église parlassent à l'esprit et au cœur de ses paroissiens, et nous imposa dans ce but un programme qui est un véritable catéchisme en image.

C'est par ce côté surtout que l'église de Saint-Remy se distingue de toutes celles dont nous avons entrepris la décoration. Il n'existe pas une place convenable dans le sanctuaire comme dans la grande nef et les bas côtés qui ne soit occupée par un sujet avec légende explicative.

Les Commandements de Dieu et de l'Église, les articles du *Credo*, les sept Sacrements présentent une exposition parlante de tous les dogmes de la foi catholique.

J'aurais été impuissant à exécuter en deux ans cet immense travail, si je n'avais mis à contribution les compositions des maîtres allemands modernes, et notamment la Bible de Schnoor. D'autant mieux que M. Dubois m'ayant quitté à la fin de 1867, après avoir peint les sujets du sanctuaire et des deux chapelles latérales, ce qui formait à peine le quart de l'ensemble, il restait encore pour l'année suivante, 1868, plus de huit cents mètres carrés à décorer et deux cent cinquante personnages de toute grandeur à exécuter sur les murs.

Heureusement quelques-uns de mes jeunes sociétaires commençaient à pouvoir peindre convenablement les figures dont le dessin était arrêté sur les cartons. Ces jeunes gens redoublèrent d'ardeur et me vinrent en aide assez efficacement pour que les derniers mois de 1868 vissent la fin de cette œuvre considérable.

L'intérieur de l'église de Saint-Remy était, comme je viens de le dire, entièrement enduit de plâtre; mais les murs, très épais, étaient sains en général, et le silicate de potasse s'y comporta d'une façon satisfaisante. En un point cependant, à gauche en entrant par la porte principale, sur une surface d'environ quatre à cinq mètres carrés, là où nous devions représenter le saint vieillard Éléazar refusant de manger des viandes consacrées aux idoles, le salpêtre sortit sous les premières couches d'impression de manière à me dérouter, si je n'avais eu déjà à lutter contre cet ennemi redoutable. Voici le moyen que j'employai pour combattre cette invasion, moyen peu coûteux et d'un succès certain sur les surfaces planes, mais impraticable sur des reliefs comme à Saint-Jean de Caen.

Je fis venir de l'usine à gaz de Paris du brai sec, dont le prix est de 20 fr. les cent kilos; un maçon du pays gratta le mur à vif, et comme il était construit en moellons demi-durs, je prescrivis de creuser le champ, mis à nu, de trois centimètres au-dessous du plan. Selon mes indications, le même maçon fouetta avec un balai le brai à chaud dans tout l'espace réservé. Le brai ainsi traité se refroidit presque instantanément en laissant une surface noire, rugueuse, parsemée d'aiguilles, et très apte par cela même à recevoir et à retenir une couche de mortier d'environ un centimètre d'épaisseur appliquée par-dessus. Cette préparation économique fournit un excellent subjectif bien préférable au plâtre pour la peinture, et le tableau projeté se termina sans autre incident.

C'est avec un vrai plaisir que je puis ajouter qu'au mois de septembre dernier, dans une visite intentionnelle faite à Auneau, j'ai constaté qu'après vingt ans les couleurs étaient aussi fraîches qu'au lendemain de leur application.

J'ai terminé le compte rendu des œuvres de la première Société de Saint-Grégoire de Tours. J'ai même empiété sur la seconde en m'étendant sur la deuxième partie de la décoration d'Auneau, achevée en 1868, par les membres de la nouvelle Société après le départ de M. Dubois.

Je renverrai le lecteur au tableau n° 5 pour les divers travaux de peinture, en 1869 et 1870, dans les deux dernières années que la seconde Société avait encore à courir. Je ne ferai d'exception que pour l'église de Saint Martin-du-Limet, diocèse de Laval. Il est, en effet, de toute nécessité que je donne une explication claire et précise sur la légende écrite à la colonne des auxiliaires dans l'article du tableau n° 5, afférant à la décoration de cette église.

On y lit sans aucun détail (l'espace ne le permettait pas) : *Auxiliaire. — Grellet, frère Athanase, remplace Dubois pour les figures.* Voici l'explication de ce logogriphe, que ma conscience ne me permet pas de laisser dans l'obscurité : M. Grellet, après avoir été, sous le nom de frère Athanase, membre de la Congrégation des Frères de la Doctrine chrétienne, et avoir en cette qualité exécuté diverses peintures murales religieuses, était rentré dans le monde, comme c'était son droit strict, pour y vivre du produit de son talent.

Vers l'année 1866 (je ne garantis pas la date), M. Grollot, que je ne connaissais que de réputation et pour avoir vu à Beauvais des produits remarquables de son art, vint un jour me trouver à Tours, dans mon atelier, me demandant de l'initier au procédé de la peinture au silicate.

Après lui en avoir exposé la théorie, je m'empressai de lui fournir les moyens de la mettre en pratique en lui procurant couleur, palette, pinceau, etc. Son premier essai, je dois le dire, fut un coup de maître. Prenant pour thème une petite gravure, il peignit sur le mur de l'atelier une figure de grandeur naturelle qui dénotait une habileté de main peu commune.

Voulant ensuite le mettre à l'épreuve d'une façon plus sérieuse, je lui proposai de faire mon portrait au silicate sur un panneau de bois. Il s'en acquitta d'une manière étonnante, vu la difficulté du procédé appliqué aux œuvres destinées à être vues de près.

Après ce tour de force, par lequel l'élève prouvait qu'il était passé maître, nous nous quittâmes satisfaits l'un de l'autre.

Mais après le départ de Dubois cette rencontre me revint en mémoire, et je songeai un moment à faire à M. Grellet des propositions d'association.

J'en fus détourné par deux considérations.

D'un côté, l'époque probable de ma retraite approchait, et de l'autre les progrès de mes jeunes associés me faisaient espérer que nous pourrions nous suffire. Plus tard, à propos de la décoration de Saint-Martin-du-Limet, cette pensée me revint à l'esprit. En voici la raison.

Outre une vingtaine de personnages isolés que je me réservais de peindre avec mes jeunes associés, j'avais à exécuter sur le mur de chaque côté de la porte d'entrée deux compositions importantes par leur disposition particulière et le grand nombre des figures. C'étaient à droite, l'apparition de Jésus-Christ à saint Martin, et à gauche saint Martin confessant sa foi devant le général romain.

Pressé par d'autres occupations et craignant que la tâche ne fût au-dessus des forces de mes jeunes gens, je pensai à en confier l'exécution à M. Grellet; seulement, au lieu de lui proposer une association qu'il aurait probablement refusée, et que d'ailleurs le terme prévu de la fin de ma carrière rendait de mon côté impossible, je traitai avec lui à forfait, et il s'en tira à la satisfaction générale.

J'ai appris depuis que M. Grellet était revenu quelques années après nous à Saint-Martin-du-Limet, et avait peint dans le sanctuaire deux grands sujets de sa composition, dans deux encadrements que nous avions laissés vides pour les remplir plus tard.

Ne les ayant point vus et n'ayant connu le fait que par ouï-dire, je n'ai point à en donner mon avis ni en bien ni en mal. Si j'en parle ici, c'est pour éviter le reproche de chercher à me parer des plumes du paon.

Après avoir ainsi donné au lecteur tous les renseignements qui m'ont semblé de quelque utilité, ma tâche serait terminée, s'il ne me restait un devoir de reconnaissance à remplir envers plusieurs membres du clergé, qui m'ont prêté leur précieux appui et m'ont aidé de leurs conseils.

J'ai déjà nommé M. l'abbé Bourassé, auquel je dois adjoindre M. l'abbé Manceau, son collègue au Chapitre de l'église métropolitaine de Tours. J'ai dit aussi précédemment toute la gratitude que méritait de notre part la haute protection dont nous honora l'éminent cardinal Pie, évêque de Poitiers.

J'aurais à me reprocher de passer ici sous silence les encouragements qui nous furent donnés à divers titres par plusieurs autres prélats, notamment par Mgr Guibert, archevêque de Tours, mort cardinal-archevêque de Paris; par Mgr Coussault, évêque d'Angoulême, et Mgr d'Outremont, évêque du Mans, et enfin par Mgr Bourret, évêque de Rodez. Ce dernier, qui m'honore de son amitié, mérite une mention spéciale.

Avant d'être professeur à la Sorbonne, M. l'abbé Bourret résidait à Tours en qualité de secrétaire particulier de Mgr Guibert. Mon atelier de l'impasse Nicolas-Simon était tout voisin de l'archevêché. Cette circonstance me valait de fréquentes visites du futur évêque de Rodez, et je ne puis oublier les heureux moments pendant lesquels le docte professeur venait se délasser de ses savantes études en me captivant autant par sa conversation pétillante d'esprit et d'*humour* que par ses vues élevées sur toutes les questions à l'ordre du jour, politique, archéologie, esthétique, sciences et arts.

ÉPILOGUE

J'allais déposer la plume lorsqu'un remords me force à la reprendre. Il me semble, en effet, que le lecteur, si peu qu'il se soit intéressé à mon récit, est en droit de me demander ce que sont devenus mes jeunes associés, MM. Dreux et Verdier, après notre séparation en 1872. C'est un devoir et un plaisir pour moi de satisfaire cette légitime curiosité.

A cette époque, et malgré les récents malheurs de la guerre, nous n'avions pas épuisé toutes les aspirations de notre clientèle.

Du côté du Morvan notamment, où l'un de mes frères était établi au pied du mont Beuvray, des pourparlers antérieurs donnaient des espérances de réalisation. J'engageai mes deux associés à rester unis pour exploiter ce filon, ce qu'ils firent avec succès; mais, il faut l'avouer, ils ne visèrent que le côté purement matériel, sans se préoccuper des traditions que la première Société à laquelle ils avaient été affiliés avait cherché à leur inculquer. Le vieux règlement fut lettre morte à leurs yeux, et il n'exista entre eux d'autre lien qu'une convention verbale qui devait se rompre au premier choc.

Cependant, et je suis heureux de le dire à leur éloge, ils vécurent en bons camarades et travaillèrent ensemble pendant trois ans environ. Voici la liste des localités où ils exécutèrent des peintures murales.

Je la transcris ici d'après la note que M. Verdier m'a communiquée; car je ne connais *de visu* de leurs œuvres que la décoration du chœur de l'église de Poil et celle beaucoup plus complète et véritablement digne d'éloge de l'église paroissiale de la Roche-Millay, diocèse de Nevers.

Chapelle de la Vierge à Vesly (Eure). — Ornements et figures.
Sanctuaire de la paroisse de Poil (Nièvre).   »   »
Église de la Roche Millay (Nièvre).   »   »
Sanctuaire de Villapourçon (Nièvre).   »   »
Chapelle de la Vierge de Saint-Jean, à Autun. — Ornementation seule.
Transept de Saint-Symphorien d'Autun. — Ornements et figures.

Chapelle du château de Conley (Nièvre). — Ornementation seule.

Église de Beaumont-la-Ferrière (Nièvre).   »   »

Chapelle de la Vierge de Montreuillon (Nièvre).   »   »

    »   de Lurcy-le-Bourg (Nièvre). — Ornements et figures.

    »   de Lourdes, cathédrale de Nevers.   »   »

Sanctuaire de Neuilly-sur-Marne.   »   »

Chapelles latérales et arc triomphal de Dourdan (Seine-et-Oise).   »   »

Chapelles et sanctuaire de Saint-Marc-du-Corps, près Étampes. — Ornementation seule.

Chapelle des Servantes de Marie, à Blois. — Ornements et figures.

STATUTS

DE LA

CONFRÉRIE DE SAINT-GRÉGOIRE DE TOURS

POUR LA DÉCORATION DES ÉDIFICES RELIGIEUX

PAR LA PEINTURE MURALE

TITRE I

BUT DE LA SOCIÉTÉ

1. — La société cherche avant tout la gloire de Dieu par la splendeur de ses temples et l'édification des fidèles par la représentation des sujets, figures et symboles religieux, peints sur les murs des églises catholiques.

2. — Elle s'efforce de renouer les traditions de l'art chrétien en soumettant la matière à l'esprit, la forme au bon goût, la fantaisie à la règle.

3. — Elle combat dans ses membres l'orgueil, l'individualisme et l'amour désordonné du gain.

4. — Elle s'efforce de perpétuer les saines traditions de l'art par un enseignement méthodique, à la fois théorique et pratique, qui, tout en formant la main, s'adresse à l'âme des ouvriers et les relève graduellement de la condition de simples manœuvres jusqu'à celle d'artistes chrétiens, capables d'atteindre à l'apogée de l'art.

5. — Elle les associe, suivant leurs aptitudes et leurs progrès, à tous ses travaux sans exception et leur fait une part dans les bénéfices, dans la mesure qui sera prescrite au chapitre V du titre II.

TITRE II

DES OUVRIERS DÉCORATEURS EN GÉNÉRAL

CHAPITRE 1

1. — Les ouvriers décorateurs sont divisés en *apprentis*, *auxiliaires*, *aspirants* et *sociétaires*.

CHAPITRE II

DES APPRENTIS

1. — Pour être admis à l'apprentissage il faut avoir douze ans au moins, avoir fait la première communion et savoir lire, écrire et compter.

2. — L'apprentissage dure quatre années. Ce temps peut être abrégé par le Conseil de direction, suivant les progrès constatés.

3. — Pendant la première année, l'apprenti ne reçoit aucun salaire et doit se fournir de papier, crayons, portefeuille, passe-partout et tout ce qui est nécessaire pour dessiner.

4. — Le directeur ou les parents ou tuteurs du candidat s'engageront par un contrat d'apprentissage sous seings privés; mais ce contrat ne sera formulé qu'après les premiers six mois, qui sont considérés comme une période d'essai.

5. — Pendant l'hiver, la société fournit gratuitement à l'apprenti, dans l'atelier commun, l'éclairage, le chauffage et les leçons de dessin et de peinture.

6. — Pour la seconde année, l'apprenti ne reçoit rien pendant les quatre premiers mois d'hiver consacrés à son instruction. Pendant les huit autres mois, s'il travaille à Tours à des œuvres dont la société doit bénéficier, il reçoit 0 fr. 50 par jour; s'il travaille au dehors, il est logé, nourri et transporté pour tout salaire.

7. — Pour la troisième année, mêmes conditions pour les quatre mois de morte-saison. Pendant les huit mois d'été, il reçoit à Tours 1 franc par jour, sans être nourri. En campagne il reçoit 5 francs par mois, et il est logé, nourri et transporté sur le chantier aux frais de la société.

8. — La quatrième année, mêmes conditions pour les quatre mois d'hiver. Pendant les huit autres mois, il reçoit à Tours 1 fr. 50 par jours et en campagne dix francs par mois, étant logé, nourri et transporté.

9. — Après la seconde année d'apprentissage, si, pendant la morte-saison, l'apprenti est employé au dehors à des travaux lucratifs pour la société, il aura droit à une paye extraordinaire, qui sera les deux tiers de celle fixée pour les mois d'été à Tours, soit 0 fr. 75 par jour pour la 3ᵉ année, 1 franc pour la 4ᵉ, sans être logé ni nourri.

10. — Du moment où l'apprenti entre en campagne et fait partie d'une compagnie d'exécution, la Direction lui fournit une boîte de peinture avec les outils nécessaires pour son travail. Il répond sur sa paye de la perte des objets à lui confiés, dont l'usure seule reste à la charge de la société.

11. — L'apprenti de 2ᵉ année est dit de 1ʳᵉ classe, celui de 3ᵉ année de 2ᵉ classe, celui de 4ᵉ année de 3ᵉ classe.

12. — La quatrième année d'apprentissage terminée, l'apprenti est reçu décorateur auxiliaire ou aspirant sociétaire.

CHAPITRE III

DES OUVRIERS DÉCORATEURS AUXILIAIRES

1. — L'ouvrier auxiliaire est celui qui, remplissant les conditions de capacité professionnelle, laisse quelque chose à désirer sous le rapport moral et religieux.

La société utilise son talent, le salarie à raison de la valeur réelle de son travail, et s'efforce de l'améliorer sur les points où son caractère et sa conduite ne sont pas absolument satisfaisants, sans se l'attacher par des liens trop étroits et définitifs. Elle peut s'en séparer dès qu'elle le juge convenable et le reprendre pour un temps limité. Elle ne s'occupe point du placement de ses économies et n'exerce sur lui qu'une tutelle temporaire.

2. — Les auxiliaires n'étant employés qu'à des travaux déterminés, leur coopération cesse avec ces travaux, et, à moins qu'ils ne demandent eux-mêmes à subir l'épreuve d'aspirants sociétaires, la société n'a point à se préoccuper, en dehors de la tâche convenue, de leur progrès moral et artistique.

3. — L'ouvrier auxiliaire n'a droit à aucun bénéfice en dehors de son salaire.

Il ne peut être chef d'atelier.

4. — Son compte est réglé à la fin de chaque mois, et soldé quand le travail qu'il a entrepris est entièrement terminé.

CHAPITRE IV

DES ASPIRANTS SOCIÉTAIRES

1. — Les aspirants sociétaires sont ceux qui, par leur conduite, leur moralité, leur application et leur talent, donnent à la Direction des garanties suffisantes pour faire espérer qu'après une épreuve de 18 mois à 3 ans au plus ils pourront obtenir le titre de sociétaire.

2. — Les conditions essentielles pour obtenir ce titre sont : 1° un dévouement absolu aux intérêts moraux et matériels de la société; 2° une soumission entière au Règlement et à la Direction supérieure; 3° une aptitude et une intelligence suffisantes pour atteindre, pendant une période qui n'excéderait pas trois ans, le degré de capacité nécessaire pour passer sociétaire.

3. — L'aspirant sociétaire de deuxième classe peut être établi chef d'atelier et avoir sous sa direction des ouvriers plus habiles qu'il ne l'est lui-même. Il reçoit dans ce cas 1 franc par semaine au-dessus du prix de sa classe, sans préjudice de sa part proportionnelle dans les bénéfices de la décoration à laquelle il est appelé à travailler.

4. — Tandis que le salaire de l'ouvrier auxiliaire est réglé à la fin de chaque entreprise, l'aspirant est payé à l'année et soldé seulement à la fin de chaque exercice. Son traitement fixe lui sera payé chaque mois, mais sa part proportionnelle dans les bénéfices ne lui sera remise qu'après le compte des opérations de l'année active, soit au plus tard le 1er mars de l'année suivante.

5. — Du consentement de l'aspirant, la Direction se charge du placement de son pécule et s'inquiète de tout ce qui regarde son bien-être moral et matériel. Elle cherche à se l'attacher de plus en plus par ses conseils, sa justice et une sollicitude paternelle. Elle fait tous ses efforts pour mériter sa confiance et son affection et lui faire faire des progrès sérieux dans sa religion et sa profession.

6. — Lorsqu'il est démontré que l'aspirant accepte d'esprit et de cœur les principes de la société et adhère complètement à son but religieux, moral et artistique, il est reçu sociétaire par délibération du Conseil d'administration.

CHAPITRE V

DES OUVRIERS SOCIÉTAIRES

1. — Nul aspirant ne peut devenir sociétaire s'il n'a satisfait à la conscription ou s'il n'est pas exempt par la loi.

2. — Après sa réception, le sociétaire reçoit un diplôme qui constate son nouveau titre et lui donne droit immédiatement aux prérogatives qui y sont attachées.

3. — Il a droit à une part d'un vingtième dans les bénéfices généraux de la société, constatés par les comptes annuels arrêtés au 1er mars de l'année qui suit l'exercice.

4. — Il est appelé au sein du Conseil à la séance annuelle, ou après la reddition des comptes par le trésorier; la quotité du dividende est fixée pour l'exercice précédent. Il pourra présenter ses observations, mais sans avoir le droit de vote, réservé exclusivement aux membres du Conseil.

5. — Dans le cas de malversation grave, d'inconduite notoire ou de manquement volontaire aux prescriptions du règlement, le sociétaire sera réprimandé une première fois verbalement par un membre du Conseil; une seconde fois par écrit de la main du Directeur, qui pourra lui infliger une amende, laquelle ne pourra excéder le prix mensuel de son traitement fixe. Enfin si, malgré ces deux avertissements, le sociétaire ne change pas de conduite, il pourra être suspendu, dégradé ou renvoyé.

6. — La suspension ne pourra excéder six mois, pendant lesquels l'ouvrier descendra au rang d'*aspirant*. S'il a mérité la dégradation, il descendra au rang d'*auxiliaire* pour un temps qui ne pourra excéder une année.

7. — Le Conseil sera appelé, en tout cas, à se prononcer sur la nature et la durée de la peine, et sur la réhabilitation ou le renvoi qui peuvent en être la conséquence.

8. — Les mêmes pénalités sont applicables aux aspirants et dans les mêmes formes.

CHAPITRE VI

OBLIGATIONS RELIGIEUSES DES CONFRÈRES

1. — Aucune des obligations ci-dessous n'entache la conscience sous peine de péché.

2. — L'ouvrier sociétaire doit se dire hautement chrétien, pratiquant les devoirs prescrits par l'Église et spécialement le devoir pascal.

3. — Une fois admis, le sociétaire participe à tous les avantages spirituels de la Confrérie, à quelque classe qu'il appartienne.

4. — Les vertus qui lui sont plus particulièrement recommandées sont :

L'amour du travail, la modération dans les désirs, l'humilité dans les œuvres collectives ou particulières, la fraternité chrétienne entre tous les membres de la société.

CHAPITRE VII

FÊTES DE LA CONFRÉRIE

1. — Les fêtes de la Confrérie sont :
    1° Fête de saint Joseph, 19 mars.
    2° » de saint Vincent de Paul, 19 juillet.
    3° » de saint Grégoire de Tours, 16 novembre.
    4° » de l'Immaculée Conception, 8 décembre.

2. — Ces fêtes seront chômées par tous les sociétaires, les aspirants et apprentis. Elles sont facultatives pour les auxiliaires.

3. — Elles se composeront d'une messe le matin avec instruction ; d'un repas commun à midi, présidé par le Directeur ou un professeur délégué par lui, ou bien quelque personne honorable de la ville. Il en sera de même pour la réunion du soir, que le Directeur s'efforcera de rendre agréable et utile par des lectures ou des conférences traitant des questions intéressantes pour la religion et pour l'art.

CHAPITRE VIII

RÈGLEMENT DES TRAVAUX EN CAMPAGNE

1. — Au début de toute entreprise, les sociétaires, aspirants ou apprentis composant une compagnie d'exécution assisteront à une messe dans l'église à décorer, afin d'appeler la bénédiction de Dieu sur leurs travaux. La messe se terminera par le chant du *Veni, creator*. Le chef d'atelier s'entendra pour cela avec le curé de la paroisse.

2. — A la fin du travail, l'atelier assistera à une messe d'action de grâces terminée par le *Magnificat*.

3. — Les sociétaires, aspirants ou apprentis faisant partie d'une compagnie d'exécution seront obligés à la vie commune en observant le règlement suivant :

4. — Du 15 mars au 15 octobre, lever à 5 heures du matin, prière en commun dite par le chef d'atelier. A 5 heures et demie, petit déjeuner ; à 6 heures, travail. A onze heures, dîner ; le chef d'atelier fera la prière avant et après le repas. A midi, reprise du travail. A six heures, une heure de récréation ; souper à sept heures. A 8 heures et demie, prière du

soir en commun et lecture spirituelle par le chef d'atelier; coucher à 9 heures.

5. — Du 15 octobre au 15 mars, pour les ouvriers qui seront recueillis dans la maison commune, rue de la Psallette, à Tours, même distribution du temps, sauf le lever à 6 heures et le travail à 7.

6. — Dans toute compagnie d'exécution, les aspirants et apprentis qui la composent seront tour à tour de semaine, pour faire le ménage de la chambre commune.

Le chef d'atelier est exempt de cette corvée, mais il sera responsable de l'ordre et de la propreté qu'il doit exiger de ses subordonnés.

TARIF

DES

PEINTURES MURALES

AU SILICATE DE POTASSE

POUR LA DÉCORATION DES ÉDIFICES RELIGIEUX

ANNÉE 1869

PERSONNAGES ET SUJETS

	PRIX PAR UNITÉ	
	fr.	c.
Figures isolées, de grandeur naturelle, et jusqu'à 2 mètres de hauteur, avec nimbe et fond de couleur uni	100	»
Id. Id. nimbe doré et ornementé. . .	110	»
Id. Id. sur fond de couleur ornementé.	120	»
Id. Id. sur fond d'or ornementé . . .	150	»

	PRIX PAR UNITÉ	
Figures isolées, à mi-corps, sans les mains, de grandeur naturelle avec nimbe et fond de couleur uni. . , ...	40	»
Id. Id. nimbe doré et ornementé. . .	50	»
Id. Id. sur fond de couleur ornementé.	55	»
Id. Id. sur fond d'or ornementé . . .	60	»
Les mêmes, avec les mains, prennent une plus-value de	20	»

Figurines d'ornement, isolées ou groupées, d'une hauteur inférieure à 0 m 50, d'un seul ton, et modelées en noir par hachures.	10	»
Id. Id. à deux tons de couleurs . . .	23	»
Id. Id. à trois id. Id. . . .	30	

Nota. *Toute figure modelée dans le goût moderne d'une hauteur inférieure à 1 m est assimilée aux grandes figures, et prend une plus-value de* . . . . : 25 »

SUJETS HISTORIQUES ET AUTRES

Même prix par unité de personnages que pour les figures isolées, quand le sujet ne comportera pas plus de cinq figures, en ajoutant 50 fr. par tableau pour les fonds simples, sans perspective compliquée. Au delà de cinq figures, ou avec des fonds compliqués de perspectives ou de paysage, on traitera de gré à gré.

ORNEMENTATION

Il faut observer que l'on considère ici l'ornementation comme l'accessoire et l'accompagnement obligé des personnages et sujets, sans lesquels on n'entreprend point de décoration.

	PRIX DU MÈTRE CARRÉ	
	fr. c.	fr. c.
Appareils divers. Lorsque ces appareils dépassent les deux tiers des surfaces décorées, ils sont comptés à part, et, suivant leurs complications, sont tarifés (*préparations comprises*) au prix de	1 25 à 2 50	

	PRIX DU MÈTRE CARRÉ	
Décoration de style roman, suivant la richesse, de	2 50 à 4 »
Id. de style de transition ou Plantagenet.	» » 6 »
Id. de style ogival du XIII° et du XIV° siècle	» » 6 »
Id. ogival fleuri, du XV° siècle, de.	
Id. de la Renaissance, de	5 » à 10 »
Id. de l'antiquité, de	
Id. moderne et de fantaisie, de. . .	

SYMBOLES, MONOGRAMMES, &

Le plus ordinairement les Symboles, Monogrammes, grandes Lettres ornées, etc., font partie de l'ornementation et entrent dans le prix général.

Il peut arriver cependant que par leur nombre, leur dimension ou leur genre particulier, ils doivent être comptés à part. Il en sera de même pour les inscriptions, si le nombre des lettres est considérable. Dans ces différents cas on devra traiter de gré à gré.

	Prix du mèt. car.	
Dorure sur pierre et sur enduit, à l'huile, en or fin.	30	»
Id. Id. Id. en or 1/2 fin	25	»
Id. Id. Id. au silicate, en or fin. .	40	»
Id. Id. Id. Id. en or 1/2 fin.	15	»

On compte triple en surface les sculptures fouillées profondément.

Nota. Ne sont pas compris dans les prix ci-dessus : 1° les fournitures des échafaudages, échelles simples et doubles; 2° le rebouchage, quand il est général ; 3° les voyages d'inspection du directeur, quand la distance de Tours dépasse 2 myriamètres par chemin de fer; 4° les plans, coupes et élévations nécessaires à l'étude du projet. Ces différents articles se comptent à part.

RENSEIGNEMENTS SUPPLÉMENTAIRES

Cas d'augmentation.

I. Si la peinture à l'huile était substituée au silicate, les prix seraient augmentés de $1/_5$ pour l'ornementation et de $1/_{10}$ pour les figures.

II. Lorsqu'on demandera, dans un sujet ou pour un personnage isolé, le portrait d'une personne, ou d'après nature, ou d'après une reproduction quelconque, cela donnera lieu à une augmentation de 50 fr. d'après nature, et de 25 fr. d'après une reproduction.

III. Au delà d'un rayon de dix myriamètres de la ville de Tours, on devra payer le transport du matériel et du personnel à l'aller et au retour.

IV. Toute figure faite sur une surface sphérique ou section de sphère subira une augmentation de $1/_5$, et de $2/_5$ si la figure a plus de 2 mètres de hauteur; sur une surface plane la même augmentation de $1/_5$ sera applicable aux figures de plus de 2 mètres de hauteur.

V. Toute demande de devis pour servir de base à un marché à forfait entraînera une augmentation de 5 p. $^0/_0$ sur l'ensemble des prix, lors même que le marché n'arriverait pas à conclusion.

Cas de réduction.

VI. Quand l'ensemble des travaux d'un même édifice dépassera 10,000 fr., il sera fait une remise de $1/_{20}$ sur le total, et la fraction au delà de cette somme.

VII. Lorsque le prix des sujets et figures de toute sorte dépassera 5,000 fr., il sera fait sur le total une réduction de 2 $1/_2$ p. $^0/_0$. — La réduction sera de 5 p. $^0/_0$ si ce total dépasse 10,000 fr.

VIII. Dans toute entreprise où la surface à dorer dépassera 25 mètres carrés, il sera fait sur le prix total une diminution de $1/_{12}$. La réduction sera de $1/_6$ pour une surface de 50 mètres et au-dessus. La réduction sera également de $1/_6$ pour toute surface dorée en plein, sans ornementation.

Avis important.

Pour soumettre à un tarif régulier, non seulement l'ornementation, mais encore les figures et sujets qui sont du domaine de l'art, il a fallu que les raisons les plus graves nous en fissent sentir impérieusement la nécessité. Nous ne pouvons entrer dans l'exposé de tous ces motifs, nous dirons seulement que ce moyen nous a paru le seul capable de vulgariser l'emploi de la peinture religieuse sur les murs nus et délabrés de nos églises.

Ce principe posé, il en découle forcément cette conséquence, qu'il ne peut s'agir ici d'une œuvre d'art minutieusement finie et irréprochable dans tous ses détails.

Tout travail *tarifé* suppose une sorte de fabrication courante, avec un maximum de matière et de temps employés au delà duquel il y aurait perte pour le fabricant. — C'est cette limite qu'il nous faut respecter en nous attachant particulièrement à la convenance, à l'harmonie et à la bonne exécution de l'ensemble.

Cependant les personnes qui désireraient quelque chose de plus et nous imposeraient l'obligation d'une *correction* qui n'a de limites que le talent même de l'artiste, comprendront facilement que, dans ce cas, elles ne pourraient invoquer les bénéfices du tarif et devraient se soumettre à des conditions particulières dont nous nous réservons l'appréciation. Il en serait de même pour des sujets, même religieux, dont la singularité nécessiterait des études toutes spéciales.

LE DIRECTEUR

Cte DE GALEMBERT

RÈGLEMENT
POUR LES OUVRIERS PEINTRES

TRAVAILLANT

dans l'église de

—▷★◁—

Les ouvriers sous la conduite de M.   , chef d'atelier,
doivent se rappeler qu'ils travaillent dans un lieu consacré à la prière et
au recueillement, et qu'en conséquence, tout en vaquant à leurs occupations, ils doivent éviter même les conversations inutiles et se tenir avec
le respect que commande la sainteté du lieu.

Il est expressément défendu de fumer dans l'église, de s'appeler de loin
à haute voix, de chanter même des chants religieux, de jeter des maté-
riaux à terre avec bruit du haut des échafaudages, de proférer aucun
jurement ou paroles grossières.

Pendant la durée des offices et autres exercices religieux, le silence
absolu est commandé, et les ordres doivent être donnés et reçus à voix basse.

Spécialement pendant la consécration, il est défendu de circuler d'un lieu
à un autre, et l'on tiendra note de ceux qui témoignent de leur foi par
une attitude plus respectueuse.

Les contrevenants à ces ordres seront punis pour récidive, après un
premier avertissement, d'une retenue de 50 c.

Pour une seconde récidive, d'une retenue de 1 fr.

Pour une troisième, il en sera référé au Directeur, qui pourra exiger
l'exclusion.

Les avertissements et les amendes seront inscrits sur le livret de chaque
ouvrier par le contremaître, qui en déduira les motifs. Ce livret contien-
dra en outre les heures de travail par quantième et des notes sur la
bonne conduite du titulaire.

Chaque page sera signée par le contremaître et contresignée par M. le
Curé de la paroisse, qui voudra bien donner son concours à la bonne tenue
de l'atelier.

186 MOIS	Heures de travail effectué	PAYE	Gratifica-tions	Amendes	OBSERVATIONS

Signature de M. le Curé.   *Signature du chef d'atelier.*

TABLEAU

Des peintures murales exécutées par la société de Saint-Grégoire de Tours, sous la direction de M. de Galembert, de 1856 à 1871.

Tableau n° 1.

DÉSIGNATION DES LIEUX	GENRE de PEINTURE	OPÉRATEURS			ORNEMENTATION		SUJETS ET FIGURES PAR LOCALITÉ	TOTAUX
		SOCIÉTAIRES	ASPIRANTS	AUXILIAIRES	STYLE	SUPERFICIE		
1856 **Diocèse de Tours.** Salle d'asile des Carmes, rue de Lariche.	Essai de bon fresque.	»	»	Grandin.	Byzantin.	Inconnue.	Christ aux enfants. — 6 Éducation de la Vierge. — 2 Présentation au temple. — 3 La sainte Vierge et l'enfant Jésus. — 2 Saint Joseph. — 1 Saint Nicolas et trois enfants. — 4	18
1858 **Diocèse d'Angers.** Chapelle du Bon Pasteur.	à l'huile.	»	»	Guyet.	Romano byzantin.	Inconnue, mais plus de 600 m²	Le Bon Pasteur, — 1 Saint Pierre et saint Paul. — 2 La Samaritaine. — 1 Apparition de Jésus-Christ à Madeleine. — 2 Éducation de la Vierge. — 3 Présentation au temple. — 4	14
1860 **Diocèse de Tours.** A Langeais, maître-autel en pierre peint et doré.	à l'huile.	»	»	Grandin.	Roman.	9 m² 86	Pas de figures. — »	»
1860-61 **Diocèse de Tours.** Villaines, église paroissiale; voûte et lambris de bois, chœur et nef, mur crépi au mortier. Continuée en 1864, finie en 1870.	à l'huile. au silicate de potasse.	»	»	Grandin. Goislard.	Roman. id.	432 m² 586 m²	Apôtres; *figures isolées.* — 12 Anges portant les instruments de la Passion. — 4 La Résurrection. — 3 Nativité. — 7 Jésus-Christ au jardin des Olives. — 5 Jésus-Christ devant les Docteurs. — 8 *Figures isolées.* Saint Maurice. — Sainte Barbe. — 2 Saint René. — Sainte Eugénie. — 2 Saint Henri. — Sainte Adélaïde. — 2 Éducation de la sainte Vierge. — 2 Saint Vincent de Paul. — 2	49
1861 et 64 **Diocèse de Tours.** Oratoire de M. Salmon de Maison-Rouge, rue du Commerce.	silicate.	»	»	Moreau.	Antique.	70 m²	Multiplication des pains. — 1 Le Bon Pasteur. — 1 Naissance du Christ. — 3 Adoration des Mages. — 5 Jésus et la Samaritaine. — 2 Jésus et le Paralytique. — 2 Guérison d'un aveugle. — 2 Résurrection de Lazare. — 3 Entrée de Jésus à Jérusalem. — 5 Mission des Apôtres. — 3 Adam et Ève. — 2 Noé dans l'arche. — 1 Sacrifice d'Abraham. — 2 Moïse frappant le rocher. — 1 Daniel dans la fosse aux lions. — 1 Isaïe et le charbon ardent. — 1 Jonas. — 1 David à la Fronde. — 1 *Figures isolées.* — 8	45
1861 et 62-63. Salle de concert de M. l'abbé Ratier, à Tours. Plafond Orchestre	à l'huile. silicate.	»	»	Alexandre Gautier. id.	Antique.	134 m² 160 m²	Muse de l'harmonie. — 2 Muse de la mélodie. — 2 Quatre caryatides. — 4 Masques antiques, etc. — 4 Symboles des saisons. — 4	16
1862 **Diocèse de Tours.** Église paroissiale de Rivière.	silicate.	»	Clément.	Goislard.	Roman.	668 m²	Restauration d'anciennes peintures du xiie siècle.	»
1862 Oratoire des Dames de la Retraite, à Tours.	silicate.	»	»	Chevalier.	Moderne. Fantaisie.	103 m²	Deux petits tableaux. Sujets inconnus.	»
1863-64-65. **Diocèse du Mans.** Église paroissiale de Conflans. Architecture moderne sans caractère; baies à plein cintre. Mon association avec M. Dubois,							Annonciation. — 2 Jésus devant les Docteurs. — 8 Agonie de Notre-Seigneur. — 5 Nativ. annoncée aux bergers (Schnoor). — 4 Apparition de Notre-Seigneur à Madeleine. — 9	

DÉSIGNATION DES LIEUX	de PEINTURE	SOCIÉTAIRES	A-PIRANTS	AUXILIAIRES	STYLE	SUPERFICIE	SUJETS ET FIGURES PAR LOCALITÉ	TOTAUX
					Report.	4.055 m²	*Report.*	231
1863-64-65 **Diocèse du Mans.** Église paroissiale de Conflans. (Suite.)	silicate.	»	Gaucher.	Goislard.	Roman.		*Figures isolées.* Saint Julien. — Saint Maurice. Saint Pierre. — Saint Paul. Quatre Évangélistes. Anges portant des palmes. Saint Louis. — Saint Henri. Sainte Constance.—Sainte Marguerite. Saint François de Sales. Saint Charles Borromée. Crucifiement. Résurrection de la fille de Zaïre. Saint Raymond délivrant les captifs.	2 2 4 4 2 2 1 1 3 6 5 **39**
1864 **Diocèse de Tours.** Église paroissiale de Villaines. Suite des travaux commencés en 1860.	silicate.	Dubois.		Goislard.	Roman.	»	*Tableaux.* Saint Hubert, patron des chasseurs. Saint Paul et saint Antoine. *Figures isolées.* Saint Joseph. — Sainte Geneviève. Saint Georges. — Saint Charles. Sainte Élisabeth. — Saint Louis.	2 2 2 2 2 **10**
1864 **Diocèse du Mans.** Église paroissiale du Bailleul. Trois absides en cul-de-four, le tout enduit en plâtre, deux petits autels, une chaire.	silicate.	Dubois.	Aug. Pirand. L. Lecoindre.	Eugène Roche.	Roman.	700 m²	Christ-Docteur assis, hauteur 2 m 25. Sacrifice d'Abel. » d'Abraham. » de Melchisédech. » d'Aaron. *Tableaux.* Baptême de Notre-Seigneur. Guérison des deux aveugles. La Samaritaine. Résurrection de Lazare. Agonie de Notre-Seigneur. Résurrection de Jésus-Christ. Disciples d'Emmaüs. Notre-Seigneur remet les clefs à saint Pierre. *Figures isolées.* Saint Barthélemy. Saint Matthieu. Saint Jacques le Mineur. Vierge et l'Enfant. David. Sainte Anne. Saint Joachim. Sainte Élisabeth. Saint Simon. Saint Jude. Saint Thomas. Trois Prophètes en figures décoratives. » Saint Joseph et l'enfant Jésus. Abraham. Isaac. Jacob. Joseph d'Égypte.	1 1 2 2 1 2 4 2 5 3 3 3 2 1 1 1 2 1 1 1 1 1 1 1 3 8 2 1 1 1 1 **57**
1864. **Saint-Jean de Caen,** diocèse de Bayeux. Huit chapelles autour du chœur. Murs salpêtrés.	silicate.	Dubois.	Clément Auguste.	Boivin Louis Charles.	XVe siècle. Riche.	560 m²	Cette décoration devait servir d'encadrements à un chemin de croix qui n'a pas été exécuté à cause du salpêtre.	»
1864 Salle de concert de Tours, fin. Parterre et galeries. Sans figures.	silicate et huile.	Clément, chef d'atelier.	Pirand. Petit. Dreux. Verdier.	Martin. Grandin. Belouin.	Antique. Fantaisie.	397 m²	Sans figures.	»
1864. **Diocèse de Tours.** Villaines; presbytère, vestibule, salon, salle à manger, chambre rouge, cabinet vert.	silicate	Clément, chef d'atelier.	Gaucher. Dupuis. le Langeais.	»	Fantaisie.	654 m²	Sans figures.	»
1865 **Diocèse du Mans.** Conflans; décoration complétée par quatre tableaux et six figures isolées.	silicate.	Dubois.	»	»	Roman.	»	Baptême de Jésus-Christ. Notre-Seigneur remet les clefs à saint Pierre. Notre-Dame avec l'Enfant, saint Augustin, saint Pascal, sainte Rose et un officier de dragons, ex-voto. Notre-Seigneur entouré des petits enfants, d'après Hess. Patriarches, Adam, Noé, Abraham. Prophètes, Moïse, David, Isaïe.	4 3 6 10 3 3 **29**
						À reporter 6.366 m²	*À reporter*	459

DÉSIGNATION DES LIEUX	GENRE de PEINTURE	OPÉRATEURS — SOCIÉTAIRES	ASPIRANTS	AUXILIAIRES	ORNEMENTATION — STYLE	SUPERFICIE	SUJETS ET FIGURES PAR LOCALITÉ		TOTAUX
					Report.	3 707 m²	*Report....*		616
1866 **Diocèse de Poitiers.** Chapelle du séminaire. *(Suite.)*	Silicate.	Dubois. Clément. Verdier. Dreux.	Carré. Petit.	»	Roman riche.		Saint Clain. — Saint Honoré. Saint Guérin. — B. Venard. B. Cornay. — B. Bourry. Couronnement de la Vierge, chœur d'anges. Protection de saint Joseph, chœur d'anges. Dans la coupole les neufs chœurs des anges. *Figures de grandeur naturelle.* Vierge et l'enfant Jésus. Abraham. — Zacharie. Sainte Élisabeth. — David, roi. Saint Joachim. — Sainte Anne. Saint Joseph et l'enfant Jésus. Jacob. — Josué. — Joseph d'Égypte. Salomon. — Saint Luc. — Saint Matthieu.	2 2 2 49 13 227 2 2 2 2 2 3 3	294
1866 Montmorillon, hospice. Sur enduit de plâtre. — Sanctuaire.	silicate.	Clément. Verdier.	Carré. Petit.	»	Antique des catacombes.	77 m²	Annonciation avec Dieu le Père. Couronnement de la sainte Vierge avec quatre anges.	3 4	7
1867 **Diocèse de Laval.** Chapelle des Dames d'Évron (Mayenne). Coupole centrale. Voûte du sanctuaire. baldaquin de bois, transepts, nef, trois travées. Tribune. Quatorze croix de station.	silicate. dorure sur bois à l'huile.	Dubois. Clément. Verdier. Dreux. Petit.	Pizetti. Hodebert.	»	Ogival de fantaisie.	1 961 m²	Christ-Docteur, 2m 50 de haut, avec gloire d'anges. Saint Joseph. — Sainte Anne. — Saint Michel. Ange gardien, protecteur de l'enfance. Évangélistes. Annonciation avec Dieu le Père. Présentation au temple. Adoration des bergers. Crucifiement avec Madeleine. *Figures décoratives, demi-nature.* Les quatorze stations du chemin de croix.	12 3 2 4 3 6 7 4 39	80
1867 Chapelle de l'hospice de Montmorillon. Suite des travaux de 1866. La nef, ornementation sans figures.	silicate.	Clément. Petit.	Pizzetti. Lériget.	»	Antique des catacombes.	476 m²	Sans figures.		»
Diocèse de Poitiers. Chapelle de la Vierge, paroisse de Sainte-Radegonde, à Poitiers. Demi-coupole, figures sur fond d'or. Autel peint et doré.	silicate.	Dubois. Clément. Dreux. Hodebert. Petit.	Pizetti. Lériget.	»	Roman.	124 m²	Dans la coupole, sur fond d'or, couronnement de la Vierge, accostée de deux anges, de David, roi, et de sainte Radegonde. Jésus-Christ en Bon Pasteur. Notre-Dame et l'enfant Jésus au Rosaire. Anges en bustes.	6 1 2 4	13
1867 Petit séminaire de Montmorillon. Trois autels peints et dorés.	à l'huile.	Clément. Petit.	Pizetti. Lériget.	»	Roman.	25 m²	Sans figures.		»
1868 **Diocèse de Chartres.** Église paroissiale d'Auneau. Deuxième partie. Trois nefs et pignon à la porte d'entrée.	silicate.	Verdier. Dreux. Hedebert.	Pizetti.	»	Ogival du XIXe siècle; riche.	868 m²	*Figures grandeur naturelle.* LES DIX COMMANDEMENTS DE DIEU Moïse brise les tables (Schnoor). Blasphémateur lapidé. Id. Repos du dimanche. Id. Tobie guérit son père aveugle. Joseph vendu par ses frères (Schnoor). Scène du déluge. » Élie maudit Achab. » Daniel plaide pour Susanne. Mort de l'enfant de David. » Naboth refuse de vendre sa vigne à Achab. *Figures demi-nature.* La sainte Messe. — Communion. —	 7 6 11 6 8 6 3 8 5 5	

	PEINTURE	SOCIÉTAIRES	ASPIRANTS	AUXILIAIRES	STYLE	SUPERFICIE	PAR LOCALITÉ		
					Report....	6.366 m²	*Report....*		359
1865 **Diocèse de Tours.** Chapelle de l'Ermitage; sanctuaire, autel, nef, deux sacristies.	silicate et huile.	Clément, chef d'atelier.	Giraud. Verdier. Dreux.	»	Antique des catacombes.	356 m²	La Visitation d'Overbeck. Le Songe de saint Joseph, id. Saint Pierre et saint Paul. *Figures décoratives.* Ordres Mineurs. Orantes Onze sujets d'après les maîtres, modifiés en partie.	4 3 2 4 8 40	64
1865 **Diocèse du Mans.** Église paroissiale du Lude. Face du grand arc, fond de l'abside.	silicate. dorure à l'huile.	Dubois Clément.	Dreux. Verdier.	»	Ogival. XIIIᵉ siècle.	139 m²	Sacrifice d'Abraham (Schnoor). Moïse et le serpent d'airain. Résurrection. Agonie de Notre-Seigneur. Pèlerins d'Emmaüs. Le Bon Pasteur. Anges portant les instr. de la Passion. Crucifiement.	2 1 5 2 3 1 8 7	29
Diocèse de Tours. Église paroissiale de Druye; chœur et sanctuaire.	silicate.	Dubois. Clément.	Verdier. Œdinger.	»	Roman simple.	150 m²	Saint Pierre et saint Paul. Saint Roch et saint Vincent.	2 2	4
Diocèse de Poitiers. Chapelle du petit séminaire, à Montmorillon (Vienne). Sanctuaire et face du transept.	silicate.	Dubois. Clément.	Verdier. Dreux. Œdinger	»	Roman très riche.	386 m²	Consécration des sept diacres. Institution du sacerdoce. Saint Laurent, aumônier. Saint Vincent dans sa prison. Mission des Apôtres. Pères de l'Église latine. Saint Martial et saint Pierre. Saint Laurent. — Saint Vincent. — Saint Philippe. — Saint Étienne — *Figures isolées.* *Figures décoratives.* Diacres en ordres mineurs. Martyre de saint Laurent. Martyre de saint Vincent. Anges en bustes.	10 6 8 6 13 4 2 4 6 2 2 10	75
1866 **Diocèse d'Angoulême.** Église paroissiale de la Couronne. Sanctuaire, demi-coupole, colonnes autour de l'abside; murs très humiles.	silicate.	Dubois. Clément.	Verdier. Dreux.	»	Roman simple.	122 m²	Christ bénissant. Vierge et l'Enfant. Saint Jean-Baptiste. Saint Pierre, saint Paul. Saint Augustin. Saint Lembert, évêque.	1 2 1 2 1 1	8
Diocèse de Bayeux. Église paroissiale d'Auvillars. Sanctuaire et grand arc; murs enduits de mortier.	silicate.	Dubois. Clément. Verdier.	Dreux.	»	Roman simple.	171 m²	Saint Pierre, saint Paul. Saint Joseph, seul. Saint Exupère, évêque. Évangélistes.	2 1 1 4	8
Diocèse de Chartres. Église paroissiale d'Anneau, dédiée à saint Remy. Trois sanctuaires restaurés en plâtre, en style du XIIIᵉ siècle. Chœur en avant. Deux autres latéraux en style du XVᵉ siècle. Trois autels et trois statues peints et dorés.	silicate. dorure à l'huile et au fromage.	Dubois. Clément. Verdier. Dreux.	Carré. Petit.	»	Ogival. XIIIᵉ siècle et XVᵉ siècle.	550 m²	Apothéose de saint Maur. Saint Maur et saint Placide. Saint Maur guérissant un malade. Saint Pierre et saint Paul. Évangélistes. Chérubins et anges en buste. Éducation de la Vierge. Annonciation. Crucifiement. Saint Remy, évêque. Saint Vincent, patron des vignerons. *Figures décoratives.* Couronnement de la Vierge. Nativité.	5 2 2 2 4 16 2 2 6 1 1 4 3	50
1866 **Diocèse de Poitiers.** Chapelle du séminaire. Suite des travaux commencés en 1865. Coupole et transept.	silicate.	Dubois. Clément. Verdier. Dreux.	Carré. Petit.	»	Roman riche.	467 m²	*Figures plus grandes que nature.* Saint Martin. — Saint Hilaire. Sainte Abre, vierge. — Sainte Florence, vierge. Sainte Triaise. — Sainte Néomaye. Sainte Radegonde. — Sainte Agnès. Sainte Disciole. — Sainte Verge. Sainte Macrine. — Sainte Pezenne. Sainte Impère. — Sainte Sigrade. Sainte Hiltrude. — Sainte Françoise. Saint-Simplicien. — Sainte Soline. Saint Savin. — Saint Cyprien. Saint Emmeram. — Saint Léger.	 2 2 2 2 2 2 2 2 2 2 2	22
						8.707 m²	*À reporter*		616

DÉSIGNATION DES LIEUX	GENRE de PEINTURE	OPÉRATEURS — SOCIÉTAIRES	ASPIRANTS	AUXILIAIRES	ORNEMENTATION — STYLE	SUPERFICIE	SUJETS ET FIGURES PAR LOCALITÉ	Nombre	Total
					Report....	12.478 m²	Report.		1.085
1868 Diocèse de Chartres. Église paroissiale d'Auneau. (*Suite.*)	silicate.	Verdier. Dreux. Hodebert.	Pizetti.	»	Ogival du XIIIe siècle; riche.		ARTICLES DU CREDO. Création de l'homme (Schnoor). Transfiguration. Adoration des bergers. *Ecce homo* (Elster). Ensevelissement. Id. Résurrection. Ascension (Schnoor). Jugement dernier (Elster). Pentecôte (Schnoor). Communion des Saints (Elster). Rémission des péchés. LES SEPT SACREMENTS Pénitence. Baptême de Notre-Seigneur (Schnoor). Confirmation (Elster). Eucharistie; pèlerins d'Emmaüs. Extrême-Onction. L'Ordre, consécration des prêtres. Mariage, noces de Cana (Schnoor). LES FINS DERNIÈRES Résurrection de Lazare. La Jérusalem nouvelle (Schnoor).	5 6 5 4 6 5 8 17 11 14 7 7 4 4 3 4 7 6 9 25	244
1869 Chapelle des Dames de l'Espérance, à Tours. Sur enduit de plâtre.	silicate. essence à la paraffine.	Hodebert, chef d'atelier.	Pizzetti.	»	Moderne à simples filets.	190 m²	Jésus enfant travaillant. Mort de saint Joseph.	3 3	6
1869 Diocèse de Laval. Paroisse de Saint-Martin-du-Limet. Sanctuaire. — Inter-transept. Nef. — Deux chapelles du transept. Construction neuve en pierre.	silicate. dorure à l'huile.	Verdier. Dreux. Hodebert.	Pizzetti. Boile.	Grellet, frère Athanase, remplacé Dubois pour les figures.	Roman riche pour le sanctuaire, simple pour la nef.	869 m²	Christ-Docteur, 2m 25. Ancêtres de Notre-Seigneur. Apôtres. Apparition de Jésus-Christ à saint Martin. Martin confesse Jésus-Christ devant le général romain.	1 6 12 6 8	33
Même paroisse. Notre-Dame de la Crue, chapelle de pèlerinage; enduit de plâtre.	silicate.	Dreux. Hodebert. Pizetti.	»	»	XVe siècle.	120 m²	Quatorze stations du Chemin de la Croix.	39	39
Diocèse de Bourges. Église paroissiale de Saint-Hilaire. Sanctuaire seul, enduit de mortier.	silicate.	Verdier. Pizzetti.	Boile.	»	Roman simple.	37 m²	La sainte Trinité. Personnages isolés de chaque côté.	2 2	4
Diocèse de Poitiers. Chapelle des Carmélites de Niort et oratoire intérieur.	à l'huile paraffinée.	Verdier. Pizzetti.	Boile.	»	Roman.	95 m²	Crucifiement avec la sainte Vierge, la Madeleine et saint Jean. — Fi- gures de 2m 25 de haut.	4	4
1870 Diocèse de Tours. Église paroissiale de Villaines. Commencée en 1860. Deux pignons du transept.	silicate.	Verdier. Dreux.	»	»	Roman.	84 m²	Couronnement de la sainte Vierge. — Figures de 2m 25 de haut. Moïse. — Aaron. Vierges et l'enfant Jésus. Sainte Anne. — Saint Jean-Baptiste. Saint Joachim. Six stations du Chemin de la Croix.	4 3 2 3 1 13	29
						Superficie. — TOTAL GÉNÉRAL dans 26 édifices religieux........ **13.573 m²**		*Figures.* — TOTAL	1.434

Noms des élèves devenus aspirants, puis sociétaires :

Clément, de Loches. — **Dreux**, de Tours. — **Verdier**, de Montdoubleau. — **Hodebert**, de Tours. — **Oblinger**, de Tours. — **Carré**, de Tours. — **Petit**, de Loches. — **Lévêque**. — **Pizzetti**, de Tours. — **Pinaud**, de la Flèche. — **Boille**, de Sainte-Maure. — **Lecoindre**, de Montfaucon. — **Jules Gaucher**, de la Flèche.

Auxiliaires :

www.ingramcontent.com/pod-product-compliance
Ingram Content Group UK Ltd.
Pitfield, Milton Keynes, MK11 3LW, UK
UKHW022214070726
13613UKWH00004B/1654